講談社選書メチエ

734

黄禍論

百年の系譜

廣部 泉

MÉTIER

はじめに

二〇一九年末に中国湖北省武漢で最初の症例が確認された新型コロナウイルスによる感染症は、瞬く間に世界に広まった。それと同時に、米欧をはじめとする世界各地において、東アジアの人々はこの感染症と結びつけた視線を集めることとなり、やがてさまざまな形での嫌がらせがされるようになった。

ニューヨークではアジア系の女性が「病気のビッチ」と言われいきなり殴打されたり、外見がアジア系というだけで地下鉄車両内でいきなり消臭剤を吹きかけられたりといった事件が起きている。サンフランシスコ州立大学の調査によれば、三月一九日から二五日までの一週間で、全米で六七三件もの主にアジア人への差別事案が報告された。もっとも多いのが「こいつら全員吐き気がする」といったような言葉による嫌がらせで、そのほか肉体的暴力、職場での差別、咳や唾を吐きかけられる、店や施設への立ち入りを禁止されるなどの事例が見られた。

被害にあったアジア人はいわゆる「黄色人種」とされる外見をしていただけなのに、なぜこのような理不尽な目にあわなければならなかったのか。米中貿易摩擦といった折からの政治状況も背景にあったのかもしれないが、それだけが理由ではない。日本人であろうと中国人であろうと関係なく、「黄色人種」であるというだけで、たとえアメリカ生まれで英語しか話せない「アメリカ人」であってもそのような目にあったのだ。彼らの存在自体が、非アジア系のアメリカ人に不安感を生じさせたと言わざるを得ない状況がそこにはたしかにあった。

こうしたアメリカにおけるアジア系への人種差別について学生と話すとき、彼らが示す反応には興味深いものがある。まず、自分と出自を同じくするアジア系の人々がアジア系であるが故に差別されているということに、少なからずショックを受けるようだ。そしてさらに、アフリカ系住民が警官に殺される事件が多発していることについて話が及ぶと、学生たちは意見を述べるにあたって「黒人差別」という言い方をするのだ。「人種差別」とは言わないのである。

つまり、学生たちは、自分たちが差別される側とは考えていないか、あるいは、そうした現実があることを情報として頭でわかっていても、実感は伴っていないのであろう。豊かで安全な日本社会に暮らす彼らは、同じく豊かで安全な郊外に暮らす「アメリカ白人」の視線を我がものとし、むしろ貧しい人々を他者化している。だから、新型コロナウイルスでアジア人が差別されているニュースにショックを受けるし、アフリカ系への差別は「自分ごと」ではないものと受け止めているのである。

しかし、歴史を振り返って見ると、アメリカ社会におけるアジア人に対する過激な反応はここ一〇〇年以上にわたって繰り返されてきていることがわかる。その歴史を追い続けている筆者にとっては、学生たちがショックを受けるようなニュースに触れても、「またか」という感想をもたざるを得ない。

感染症に関連するアジア系への忌避は、なにも初めてのことではない。一九世紀後半のサンフランシスコのチャイナタウンでも、同じようなことが起こっている。市内で天然痘が発生した時、当局の公衆衛生責任者は、原因を「破廉恥で嘘つきで二心ある中国人」が市の中心部に住んでいることに求めた。なんら確たる証拠もないのに、チャイナタウンを「疫病の中心地」であり「汚水溜め」と見なしたのだ。また別の年には、同じくサンフランシスコのチャイナタウンにあるホテルの地下で腺ペストの疑いのある中国人の死体が見つかると、市当局は即座にチャイナタウンを封鎖した。白人は封鎖地区から出ることを許されたが、アジア人がチャイナタウンから出ることは一切禁止された。アジア人と病原菌を同一視した措置であった。

「人種」に基づく極端な反応は、日米関係という舞台においても見られてきた。二〇〇九年八月、日本において自民党から民主党への政権交代が確実視されていた中、次期総理大臣の最有力候補であった鳩山由紀夫が書いたある論考の英訳が、『ニューヨーク・タイムズ』電子版に掲載された。いわゆる東アジア共同体論である。そこには、鳩山が考える日本の国家目標の一つが「東アジア共同体」の創造であると書かれており、リーマンショックによって「アメリカ主導のグローバリズムの時代は終焉」するという、かなり挑戦的な文言が並んでいた。ただし、日本人の多くにとっては、これは鳩山由紀夫一流の大風呂敷であり、アメリカに対して大した悪意があってのものではないと受け止められていた。

だが、アメリカ外交界はこれに大きく反発した。駐日米国大使館からの注意喚起が示されたのみならず、来日したカート・キャンベル国務次官補から警告がなされ、別件で訪米した防衛大臣政務官が釈明することとなったが、事はそれだけでは済まず、米下院外交委員会の公聴会で国務省高官が鳩山論考を念頭においた厳しい発言をするに至った。そしてついには、政権交代がなった直後、岡田克也外相が記者会見で説明しなくてはならないという大事に発展したのである。多くの日本人にとっては、鳩山由紀夫らしい奇抜なアイディアの一つくらいにしか思えなかったものに対して、アメリカは国務省を挙げて一気に潰しにかかったのである。アメリカが日本の安全保障を完全に掌握していることを踏まえれば、不可解なほどの過剰反応である。

一九九七年、いわゆるアジア経済危機の時にも似たような極端な反応が見られた。タイ、インドネシア、韓国が国際通貨基金の管理下に入らざるを得ないなど、アジア経済が大混乱に陥った。このような事態の再発を避けようと、日本がアジア通貨基金構想を表明するや、アメリカはその動きをすぐさま潰しにかかった。

これらの事例は、いずれも日本がアジアのリーダーとして立ち現れようとすることに、アメリカが激しい忌避感をもっていることを示している。

バブル経済時にも日本への攻撃があった。三菱地所がニューヨークのロックフェラーセンターを、ソニーがコロンビア映画をそれぞれ買収したが、自国の象徴的なランドマークや企業が日本企業によって買収されることに対して、アメリカ国内では猛烈な批判が巻き起こった。だが実際には、当時の日本からの対米投資額より、イギリスやオランダなどのヨーロッパの国々からの投資額のほうが上まわっていた。しかし、恐怖を伴うような感情的批判の対象となったのは専ら日本であった。同じ事は貿易摩擦にも言える。日本車の輸入超過が大いに攻撃されたが、ドイツ車も大量に輸入されていた。

だが、デトロイトの労働者によってハンマーで破壊されたのはひたすら日本車であった。ヨーロッパが共同体を組織することは認めても、東アジアが共同体を形成することは認められない。ドイツ車も日本車も輸入超過であるが、日本車だけが許せない。それはなぜか。その事実の背景に、アメリカ人の人種的世界観があるのではないか。もっと言うなら、そこにアメリカ人の「黄禍論的な思考」があるのではないかというのが、筆者の考えである。

「黄禍論」とは、日本人や中国人といったいわゆる「黄色人種」という異質な存在が、その数の多さでもって、白人国である欧米列強に脅威を与えるという考え方である。一八九〇年代に、英独仏で盛んに見られるようになり、それが全ヨーロッパを席巻し、北米にも広まった。以来一〇〇年以上にわたって今日まで、黄禍論という言説は、時に現実の国際関係に大きな影響を与えてきた。

一九世紀末の日本に見られた日中同盟論にアメリカのメディアは露骨に不快感を示し、ロシアを倒した日本が中国と組んで他の白人国にも襲い掛かってくるという言説が新聞や雑誌に溢れた。日本を仮想敵国とした米海軍の対日戦争計画が策定されたきっかけも、アジア人差別が根元にある米太平洋岸の日系移民排斥問題であった。第二次世界大戦中、米国務省高官として極東政策の要であった人物は、日本人と中国人が同じ人種ということで、突如中国が連合国を離れ、日本と組んでアメリカに敵対するのではないかという恐怖に取りつかれていたのである。

本書の目的は、そのようなアメリカの人種差別を糾弾することにあるのではない。アメリカの過剰ともいえる東アジアへの反応や恐怖感を、日本を中心に一九世紀末から二一世紀の今日までの一世紀以上にわたってたどり直すことで、黄禍論という言説がいかに現実のアメリカと東アジアとの関係に深く絡み合っていたのかについて考察することにある。アメリカと中国という超大国のはざまにある日本が、今後いかなる針路をとるにしても、この歴史を正視することは不可欠のことであると考えている。

本書を通して、白人、黒人、黄色人といった呼称を、煩雑さを避けるために括弧等をつけずに用いている。これらは十分に注意して用いられるべき語であることを注記しておく。こうした語へのアプローチについては、Matthew Frye Jacobson, *Whiteness of a Different Color: European Immigrants and the Alchemy of Race* (Cambridge, MA, 1998) を参照。

また、本書では、アメリカ合衆国の略称として「アメリカ」を用いている。

目次

第1章

東洋人の群れ

「日中同盟」の悪夢

センセーショナルな未来予測

近代以前から東アジアに関する情報がヨーロッパにもたらされ、マルコ・ポーロの例を引くまでもなく、さまざまなイメージが西洋世界でかたちづくられていたことはよく知られている。たとえば、絶対王政期のフランスの宮廷におけるフィロゾーフたちの中国に関する言説などを見ても、それは概してポジティブなイメージであったと言えるだろう。その後、西欧列強が世界の植民地化を進める中、アヘン戦争などで中国がその軍事的弱さを露呈させると、侮りや蔑みの眼差しへと変わっていく。

しかし、一八九〇年代になると、その眼差しに大きな変化がおこる。東アジアに対する恐れの念が、それまでのヨーロッパにはないほど強く表出してきたのである。そのきっかけをつくったのは、一冊の書物と二人の人物である。

その一冊とは、一八九三年にロンドンとニューヨークで出版されたチャールズ・ヘンリー・ピアソンによる『国民の生活と性質――一つの予想』である。著者のピアソンは、オックスフォード大学などで学んだ後、キングスカレッジで歴史を講じた経験のある歴史家であり、オーストラリアに移住しビクトリア植民地で文部大臣を務めるなどした政治家でもあった。

ピアソンがこの本で示唆したのは、今は支配され虐げられている有色人種が近い将来西洋文明を逆に脅かすようになるという未来予測である。出版された一九世紀末は、西洋列強が有色人種を収奪し、各地で植民地化を進めていたときで、いわば西洋は世界で敵なしの状態であった。そうした時代にあってこの本が描いた未来の姿は、英語圏の読者を大いに驚かせた。そして、これが黄禍論の起源の一つとなったのである。

同書がとくに恐怖の対象としたのは、中国であった。いまは衰退している中国であるが、かつて世界をリードする高度な文明が繁栄し、広大な領土と膨大な人口を誇っていた大国であり、いずれアヘン戦争以来西洋から受けた侵略への復讐をするだろうと主張したのである。

とくにピアソンが重視したのが、中国の人口の多さである。「我々は有色人労働者と白人労働者が肩を並べて共存できないことを知っている。我々は、一年間の余剰人口だけで中国が我々を圧倒できることをよくわかっている」と記している。また、当時は、ダーウィンの適者生存の理論によって西洋の繁栄は保証されていると考えられていたが、まさにそのダーウィンの理論によって西洋が没落していくのだとも論じた。

西洋列強による中国分割が今はじまろうとしていた時期に、その中国が近い将来に勃興しヨーロッパが没落するという主張は、欧米で一大センセーションを巻き起こした。英米では、大都市の高級紙や有名雑誌から地方紙に至るまで多くの新聞雑誌が、この本をこぞって取り上げた。

北米ではこの書物が後に権力者となる人物に大きな影響を与えている。史上最年少の四二歳でアメリカ大統領職に就くことになるセオドア・ルーズベルトである。彼は文芸評論誌『シウォーニー・リヴュー』に異例に長文の書評を寄稿し、「今世紀末における最も傑出した書物の一冊」と激賞した。そしてすぐピアソン本人に手紙をしたためている。もちろん自らの書評の写しを同封することも忘れなかった。一八九四年五月一一日付のこの書簡の中でルーズベルトはピアソンに、首都ワシントンにおいて同書を読んだ者すべてが大いなる関心を抱き、その多くが物事の価値判断の変更を強いられているとまで書いている。

また、ピアソンの居住地であり、有色人種が大半を占めるアジア太平洋地域に白人の孤島として存在するオーストラリアでも多くの人々の心をうち、のちの白豪主義政策の根拠のひとつとなってゆく。

大陸発の黄禍論

ピアソンの出版から少し後に、ヨーロッパ大陸においても二人の人物から黄禍論が湧き起こりはじめる。

ひとりは、ドイツ皇帝ヴィルヘルム二世である。皇帝という立場から唱えられた黄禍論は大きな影響力を持つことになり、後世においても黄禍論といえばヴィルヘルム二世の名が出るほど、その主張は有名なものとなった。

当時ロンドンで発行された『スペクテーター』誌は、ヴィルヘルム二世はおそらくはピアソンの著書に影響を受けたのであろうと推測している。だが、彼が早くから東洋の危険性に注目し、黄禍論的考え方をしていたことは、従兄弟であるロシア皇帝ニコライ二世に宛てた書簡からもみて取れる。そこでは、仏独露による三国干渉について、「ぼくは君が日本に対抗してヨーロッパの利益を守るためにヨーロッパが連合して行動を取るようにイニシァチヴを取った、その見事なやり方にたいして心から感謝している」と絶賛している。その理由は、「大黄色人種の侵入からヨーロッパを守るのが、ロシヤにとっての将来の大きな任務であることは明らかだから」であった。[1]

ヴィルヘルム二世が、自らのスケッチをもとに宮廷画家クナックフスに、黄禍論を象徴する絵を描かせたのはこの年の夏のことである。東から迫る仏陀に、ヨーロッパの白人国を象徴する女神たちが対峙するという有名な絵だ。この絵の写しはあっという間にイギリスからアメリカ東海岸に伝わり、そして世界を駆け巡ることになる。

もうひとりの大陸における黄禍論の震源は、ハンガリー出身の軍人イシュトヴァーン・トゥル将軍である。ガリバルディによるイタリア統一への貢献で知られるこの人物も同時期に黄禍論を唱えていた。

トゥル将軍は、これまで世界史上の大侵略はアジアから来ていると指摘し、急速な進歩を遂げている日本が、今は無気力だが世界の人口の三分の一を占める中国人を目覚めさせてしまったら、「西洋への大移動」がもたらされるであろうと「警告」したのである。

トゥル将軍の黄禍論は、はじめフランス語圏に広まり、すぐに英語圏へも及ぶこととなった。『タイムズ』紙によって紹介されたばかりでなく、イギリスの地方紙でも、トゥル将軍の警告どおりヨーロッパが連合すれば「黄禍」は防ぎうるが、そうでなければヨーロッパ文明は危機に晒されるといったような警告がされることとなった。

さらにトゥル将軍の黄禍論は、イギリスから当時同じ英語文化圏を形成していたアメリカ東海岸にも伝えられることになった。『ニューヨーク・トリビューン』紙の紹介記事では、将軍はまず日本の「武勇」を高く評価しているとしたうえで、「仮に、全人類の三分の一を占める中国の一群が、無気力

図版１　「黄禍」*Harper's Weekly,* 22 Jan. 1898

から目覚め、征服のために組織され、現代のチムールとでもいうべきもの［日本――引用者注、以下同］に率いられて西に向かったなら、ヨーロッパはどのようにして立ち向かえるだろう」と問い、「［ハンガリーという］西洋と東洋の境界に暮らすトゥル将軍が将来の最大の危機に思いを致す」と結んでいた。[2]

ただし、ヴィルヘルム二世の黄禍論に対するアメリカの反応は、まだこの時点では、恐怖におびえるというよりも、半信半疑といった感がある。たとえば、ニューヨークの『レビュー・オブ・レビューズ』誌が、件《くだん》の絵を一八九六年に掲載した時も、論調は嘲笑的であった。また、その二年後にニューヨークの週刊誌『ハーパーズ・ウィークリー』が、同じ絵を掲載した時も、視線は独帝に対して冷笑的であった【図版1】。

アメリカにおいては、アジアからの脅威があるとすれば、西海岸に押し寄せる大量の安価な労働力としての移民であって、カリフォルニアの低賃金労働者にとっては脅威であっても、東海岸の高級紙を購読するような階層にとっては、真剣に考慮すべき脅威とは感じられなかったに違いない。そのような見方は、日本が軍事力を増大させていくにつれ、徐々に変化していくことになる。

近衛篤麿「同人種同盟」

アメリカにおいて「日中が連合して欧米に立ち向かってくる」ということが危機としてとらえられるようになったのは、日本での言説がきっかけであった。欧米列強に対抗して日本と中国が同盟すべしという、近衛篤麿【図版2】の同人種同盟論である。

それ以前にも、西洋列強の脅威から身を守るためにアジアは連合しなければならないという考えは日本に見られなかったわけではない。たとえば、一八七〇年代末の「東洋連衡論」はアジア諸国と日本との「連衡」を説いていたし、一八九三年の樽井藤吉の「大東合邦論」が主張していたのは、西洋の圧迫に対抗してアジア連合をつくる第一歩としての日韓合邦であった。一八九七年の田岡嶺雲の「東亜の大同盟」は、欧州勢力をアジアから駆逐する為の手段として、まずは日本と中国が同盟することを説いていた。しかし、それらのアジア同盟論は、欧米列強の注意関心を惹くことはほとんどなかった。

図版2　近衛篤麿

アジアの連合という考えに欧米列強が大きく反応した最初は、雑誌『太陽』に掲載された近衛篤麿の論説「同人種同盟」である。貴族の名門近衛家の当主で貴族院議長という高い地位にあった近衛篤麿が筆をとったこの論説は、最終的に黄色人種と白色人種は、人種の生き残りをかけて争わなくてはならないと主張するものであった。黄色人種と白色人種による最終の人種戦争においては、「支那人も、日本人も、共に白人種の仇敵」であるからというのである。そして、西洋にばかりなびく当時の日本人の傾向を痛烈に批判し、「日本人が漫に欧州人と合奏して、支那亡国を歌ふ」ことを非難し、隣国中国とよしみを通じ、友好関係を結ぶことの重要性を説いている。

近衛篤麿の同人種同盟論は、ピアソンらによる黄禍論の恐怖とも相まって、ヨーロッパにおいて大いに反響を引き起こした。当時ドイツに滞在していた学習院教授の中村進午から近衛宛の書簡にその反響の大きさと受け止められ方が記されている。それによると『フランクフルター・ツァイトゥング』や『ハイデルベルガー・ターゲブラット』といった主要紙は、軒並み近衛の同人種同盟論をとりあげていた。論調は否定的であったが、無視できないものとなっていたことがその反響の大きさからわかる。中村は、そのためヨーロッパ人はみな近衛を敵視し、日本に対して猜疑心が強まっていると伝えた。

近衛の論説は、元イギリス人外交官のフレデリック・カンリフ＝オーエンによって北米にもたらされた。日中同盟論を紹介する彼の論説は、『ニューヨーク・トリビューン』や『シカゴ・トリビューン』などの各地の主要紙に掲載され、アメリカで広く読まれることになる。

その論説は「中国だけで四億人。日本には四〇〇〇万、一方、インドには沸騰しているような溢れんばかりの三億人がいて、日本人や中国人同様、白人に対する苦々しい憎しみに染まっている」と、アジアの人口の多さに言及しながら、その危険性を訴えていた。

さらに、欧米から派遣された極東の特派員たちの多くが近衛の論説を見逃してしまっていることも非難している。日清戦争以前には日中は軽蔑しあっていたのが、戦後は互いを尊重するようになっており、中国人兵士を指導している日本人士官は多くを成し遂げているから、陸海軍における日中同盟の可能性は果てしないのみならず、ぞっとするようなものであると強調した。そして、ヴィルヘルム二世について、黄禍に対して防衛するために西洋は連合しなければならないと主張した皇帝は「愚かだったのではなく、予言的だった」と喝破した。

西から現れた東洋人の群れ

これまで見てきたように、アメリカの黄禍論はヨーロッパに起源をもち、それが大西洋を越えて、すなわち東からアメリカに入ってくるというのが主な流れであった。しかし、アメリカ西海岸には、一九世紀半ば、ヴィルヘルム二世が黄禍論を唱えるはるか以前に、ヨーロッパとは異なる文脈のもとに生まれた別の形の黄禍論が存在していた。

それは、カリフォルニアのゴールドラッシュに端を発した中国からの移民のカリフォルニアへの流入が契機となって生まれたものである。一八九〇年代ヨーロッパからの黄禍論では日本の軍事力を脅威と捉える視点が中心を占めていたのに対し、西海岸由来の初期の脅威論は、アジア人の「得体の知れなさ」と「数の多さ」に注目したものであった。「我々の西海岸にいる六万とか一〇万のモンゴロイドは、はじめは小さくてもやがて重大なことに結びつく楔の先端のようなもので、東アジアの本拠地には五億人いるのだ」などと語られていたのである。

東アジアからカリフォルニアへの移民は、まずはゴールドラッシュで一山当てようと鉱山地帯につめかけた世界からの人の流れの一部としてはじまった。彼らの多くは、労働者を求めていた大陸横断鉄道建設の現場で雇用されることになる。鉄道建設が一段落すると、職を求めてサンフランシスコなどの都市部に集住した。もとより彼らは金を稼いだ後、故郷に帰ることを目的としていたため、アメリカにおいて良き市民として暮らすという意識はさらさらない。

彼らの多くは、アメリカ人の目からはみすぼらしく見えた。多くの賃金を故郷に持ち帰るためアメリカでの暮らしにおいてはできるだけ倹約したからである。当時の中国とアメリカの賃金水準の差は極めて大きかったため、彼らは現地の白人労働者よりも安い賃金でも喜んで働き、そのため白人労働者から職を奪っていく結果となってしまう。すると当然、労働組合を中心とする激しいアジア人排斥運動が巻き起こる。同郷人と集まって住み、英語とは違う言語で話し、アメリカ人から奇異に見える生活習慣などもとくに改める努力もしない、そんな彼らは、西海岸のアメリカ白人の目には、得体のしれない存在として映っていたのである。

疫病とチャイナタウン

一八七六年、中国系労働者はアメリカを侵す異質な外来者であるとする見方が、労働組合による排斥運動とは別の形で露《あらわ》になる。

その夏、サンフランシスコで天然痘が突発的に流行し、一〇月までに一六〇〇人以上が罹患、四〇〇人以上が死亡する事態となる。市の公衆衛生の責任者は、この疫病の蔓延の原因は、「破廉恥で嘘つきで二心ある中国人」が市の中心部に住んでおり、彼らが「我々の公衆衛生法を故意に、そして悪魔的に無視」していることだと結論づけ、公然と非難した。この「悪名高き人種」によってチャイナタウンは「感染の実験室」と化し、それによってサンフランシスコ市全体が汚染されているというのである。この公衆衛生官によれば、チャイナタウンは、「疫病の中心地」「汚水溜め」であり、伝染病の中心地であった。

一九〇〇年にも似たような事件が起きる。その年の三月六日、サンフランシスコのチャイナタウンのとあるホテルの地下で、中国人の死体が発見された。検視官は死体の鼠径部リンパ節の腫れから、腺ペストの疑いありとした。時間のかかる精密な検査結果が出るのを待たず、市当局は翌七日、チャイナタウンを封鎖する。チャイナタウン内にいるすべての白人に退去命令が出された。しかし、白人は出ることができたが、アジア人がチャイナタウンから出ることは一切許されなかった【図版3】。これは明らかに人種と病原菌を結びつけた人種差別的措置であった。

図版3　「隔離された中国人」*Harper's Weekly*, 2 June 1900

このように、アメリカ西海岸はヨーロッパに先んじて東アジア人との直接接触を経験しており、それによって独自の東アジア観が形成されていたのである。それがヨーロッパから伝わった黄禍論にアメリカ的特徴を添えたと言うことができるだろう。

文明論の変化

アメリカにおいて黄禍論的脅威が、一九世紀末から注目されるようになったのには、アメリカ側の思想的変化も影響していたと思われる。

一八八〇年代のアメリカでは、哲学者で歴史家のジョン・フィスクや著名な宗教家ジョサイア・ストロングなどに特徴的にみられるアングロ・サクソン優越主義が支配的であった。ダーウィンやスペンサーの影響を強く受けたフィスクは、もっとも優れた人種であるアングロ・サクソンが世界に拡大していくのは当然と唱えていたし、ストロングは、アングロ・サクソンが、「野蛮な」他の人種を文明化し、キリスト教化することが、「劣った」人種のためであると説いている。アングロ・サクソンによって人類は次なる精神的高みへと持ち上げられ、平和な時代が来ると信じられた楽観的時代であった。

それが一八九〇年代に入り、世紀末が近づくにつれて、西洋文明の未来に対してより悲観的な見方が有力になっていく。海軍の戦略家アルフレッド・セイヤー・マハンは、西洋文明が岐路に立っていると考えたし、ボストンの歴史家ブルックス・アダムズは、世界文明の中心は常に移動しつつあり、いまや西洋文明が勢いを失いつつあると指摘した。このような、西洋文明の将来に対する暗い見方が一八九〇年代に台頭し、アジア脅威論を強めたのである。

同じころ、著名なイギリス人ジャーナリストのメレディス・タウンゼントの著作『アジアとヨーロッパ』が、ロンドンやニューヨークで刊行され大評判となった。その書籍が言わんとするところは、白人と有色人種の融和はありえないということであった。これまでの白人国による支配や収奪のために、アジアの中に生じた白人に対する憎しみは簡単には消えないので、「両大陸の融合は決して起こっておらず、著者の最良の考えをもってしても決して起こらない」というのだ。タウンゼントは、「人種間の裂け目はとても広く、これまでのところ越えられていない」し、これからも容易に越えられることはないだろうと論じている。そしてそれ故、「一日にして成った帝国は一夜にして消え去る」という古い言い伝えにあるように、多くのイギリス人が大英帝国の永久性を信じているが、アジアにおけるイギリスの帝国はアジア人によって覆されるだろうとまで予測した。

日本に率いられた中国という悪夢

このころ急速に影響力を増していったのが、軍事的に秀でた日本が、巨大な中国を軍事的に訓練して率いて西洋に迫ってくるという論である。

日本開国後、比較的早い時期に日本に滞在した経験を持つ、東アジアに詳しい著述家のR・ヴァン・バーゲンは、義和団事件についてニューヨークの『センチュリー』誌に寄稿した。事件に際し、日本が欧米列強と並んで中国に出兵し、日本軍が近代兵器を使いこなす規律のとれた軍隊であることを見せたことに触発されたのだ。

その中でヴァン・バーゲンは、白人に対して敵対的な「アジア国家の連盟」の盟主に日本はなろうとしていると指摘する。そして、義和団事件をきっかけにして日本が中国で足場を固めることに成功するなら、白人は「黄色い祟り」に向き合わなければならなくなるだろうと予言した。そして、その時西洋を守るために先頭を切って立ち上がらなくてはいけないのは、アメリカとなるだろうとする。ここには、東洋文明において東端に位置する新興のリーダーである日本と、西洋文明の極西に位置する新興のリーダーであるアメリカが、東と西それぞれの文明を代表して対峙するという当時広まりつつあった考えが典型的にみて取れる。

東アジアにおけるアメリカの在外公館の長を務めた東アジア専門家といってよい人々も、同様に黄禍論的見解を表明していた。長きにわたってアメリカの駐華公使を務めたチャールズ・デンビーは、日本で「アジア人のためのアジア」というスローガンがもてはやされていると危険視した。一八九〇年代に駐韓公使を務めたオーガスティン・ハードも、日本人士官に率いられた大量の中国人兵士が西洋に向かってくるという形での日中合同の脅威を論じている。ハードは、莫大な人口と資源を擁しながらも平和な国である中国が、もし、侍の国である日本に率いられたなら大変なことになるし、黄禍は確実に存在するので、西洋はそれに備えなければならないと警告した。

この頃、同人種同盟論の提唱者である近衛篤麿が北京を訪問すると、欧米各紙は、日中同盟締結は近いのではないかと危惧した。ロンドンの『タイムズ』は、近衛は中国で日中同盟を求めると予測したし、『シカゴ・トリビューン』は、近衛は日中同盟を締結するために訪中したと論じている。『ロサンゼルス・タイムズ』も、「東洋の二つの帝国が引き寄せあっている」と題する記事を掲載し、日中同盟は近いとの考えを示している。近衛の訪中という情報だけで、根拠のない日中同盟が強く疑われたことから、日中合同という形の黄禍論的考えがこの時期に広まっていたことがわかる。

日露の対立と人種

このような黄禍論的論調をますます強めさせたのが、極東における日露間の緊張の高まりである。多くのメディアが、日露の対立を異なる人種による対立という図式で描いたのだ。

そもそもロシアの側にはそう見せたい理由があった。ヨーロッパの東の端に位置し、領土の大きな部分がアジアに属し、人種的にも西洋文明の主流アングロ・サクソンと異なると見られていたロシアは、時にアジアの一部とみなされることもあった。それを嫌うロシアは、日露の対立を西洋と東洋の対立とすることで、欧米に親露的世論を作り出そうと考えたのだ。そのため、ロシア側は折に触れて人種的側面を強調するような報道を行っている。たとえば、旅順のあるロシア語新聞は、日本のヘゲモニーの下で最盛期を迎えつつある、白人種に対する黄色人種による汎アジア同盟を相殺するために、汎ヨーロッパ同盟を組織する必要があると訴えている。

一方、黄禍論が強まるのを恐れていた日本政府は、逆に日露の対立が人種対立とみられることは極力避けたかった。そのため、ロシアに対抗して日本が清国と同盟することを望んでいるとみられることはあってはならないと神経を尖らせた。せっかく、西洋文明をリードするイギリスと日英同盟を結び、その後ろ盾をもってロシアと対峙している日本にとって、黄白の対立軸で日露の対立がみられるようになることは、是が非でも避けなければならないことであった。

日本政府がいかに黄禍論の再燃を危惧していたかは、日露開戦の直前、一九〇三年末の閣議決定

「対露交渉決裂ノ際日本ノ採ルヘキ対清韓方針」に見て取ることができよう。日露交渉が決裂した場合、清国が日本と並んでロシアに敵対するのがよいのか、それとも、清国は中立を守るのが日本の利に適うのかまず問うている。そして、日本政府の方針としては、清国が中立である方が望ましいとする。その理由として六点が挙げられているが、その一つとして「恐黄熱ノ再発ヲ防クコト」が挙げられている。もし、日本と清国がロシアに対して共闘した場合、黄禍論が再燃し、白人国が共同して日本に圧迫を加えた三国干渉のような事態がまたも起こりかねないというのである。日露戦争における隣国との同盟関係構築においても、人種関係が大きな要素の一つとなっていたのだ。

日露戦争開戦前夜において、アメリカ世論の大勢は、日本贔屓であった。国力で圧倒的に上回るロシアに対峙する小国日本という図式で日露の対立は見られており、アメリカ人の判官贔屓の気風を刺激したということがまずあった。また、アメリカ人にとってロシアは、欧米列強の中でも、アメリカの主流であるアングロ・サクソンと人種的にも文化的にも大きく異なるスラブ系を中心とする一方で、日本は、アメリカによって開国され、アメリカ人の指導の下で近代化を遂げつつある子分のような存在に思えた。

ただ、黄禍論的主張がなかったわけではない。ニューヨークの雑誌『ハーパーズ・ウィークリー』は、日本を支持した場合に生じるかもしれない、白人国が有色人種の国に敗れるという事態に対して、目を向けさせた。すなわち、「白人種に対する黄色人種の勝利を消極的に黙認するのが賢明かどうかという問題」である。同誌によれば、極東で日本がロシアに勝利するということは、日本が中国を支配するということであり、その昔、ヨーロッパにまで侵攻したフン族の王のように、日本がふたたびヨーロッパの支配をもくろむことがないといえるだろうかと問うのであった。

このような日本を危険視する見方は、日本が判官贔屓の対象となるような弱い国ではなくロシアと対等以上の戦いができる国であることが明らかになり、従順な子分のような存在ではないことが示されるようになると、後に大きな反発を呼び起こすことになる。

日露戦争と日本脅威論の広がり

ロシアの極東での勢力拡大を止めるという英米の思惑を背景に、一九〇四年二月、日露戦争がはじまった。当初の思惑や日本側に多額の融資を行った投資家の存在もあり、また、圧倒的にロシアが戦力的に有利との見立てもあって、開戦当初、英米の世論の大勢は、日本支持であった。それは当時ニューヨークで発行されていた人気月刊誌『エブリバディズ・マガジン』が、開戦直後に掲載した記事において、日本の方がロシアよりも「より文明的」であると結論したことに象徴的に表れている。日本は代議制である一方で、ロシアは帝政、日本ではロシアよりも多くの子供がちゃんと小学校に通っており、なにより、ロシアはユダヤ人やアルメニア人の虐殺に加担しているのが理由とされていた。

ただ、当初から日本を警戒する者もいた。二月一二日に掲載されたカリフォルニアを愛するベテラン記者のジョージ・バートンの筆になる『ロサンゼルス・タイムズ』の論説は、早くも次のように懸念を表明した。

中国は今のところ、新しい秩序を受け入れ再生する能力がないことを示すのみである［……］一方、日本は十分再生能力があり、西洋の考えに順応することを望んですらいる［……］もし正確な武器と近代戦の技術を学びさえすれば、中国の無数の人々は地図上から西洋文明を消し去るかもしれない。もし日本がロシアを打破するなら、モンゴル人種の中で指導的立場を獲得するこの「向こう見ずな」小国は、とても厄介なものになるかもしれない。

開戦間もない時期の『ワシントン・ポスト』読者投稿欄にも、「今日ロシアは、褐色や黄色人種と異教信仰に対して白人とキリスト教の優越のために戦っていると真剣に信じる」と書かれた投書が掲載されている。『ニューヨーク・タイムズ』は、日露戦争を白人と黄色人種のどちらを選ぶかという、文明と人種の理想の間の戦いであると考えて、ドイツの閣僚たちはロシアを支持していることを紹介する記事を掲載した。

近衛篤麿の同人種同盟論に人種的危険性を見出していたフレデリック・カンリフ＝オーエンは、日露開戦の報に触れると、さまざまな媒体で意欲的に執筆した。中国やインドが日露戦争に際して日本寄りなのは、それこそアジア主義や黄禍論が正しかった証であると主張し、日本の勝利に警戒しなければならないと主張している。彼によれば、ロシアが日本に負けると、そこで破壊されるのはロシアの威信だけではなく、「アジア全域にわたる白人種全体の威信」であるというのである。

ニューヨークの月刊誌『マンシーズ・マガジン』には、カンリフ＝オーエンが「本当の黄禍」と題する論考を寄せた。その中で、東洋に居住する白人の間に日本の勝利を懸念する見解が多いのはなぜかと問う。そして、それは彼らが現地に住むことによって、実際に黄禍の存在を身をもって日々感じているからであるとする。また、日露開戦以来感じられるアジア在住白人に対するアジア人による憎悪は強く、彼らの多くは家族を香港、オーストラリア、そしてヨーロッパにまで避難させている事実を紹介した。

日本がロシアを相手に勝利を重ねたことが、世界各地の有色人種を熱狂させたことは知られている。後にインド首相となるジャワハルラール・ネルーは「日本人にできるならインド人にもできるはず」と歓喜し、トルコでは多くの男児が「トーゴー」と名づけられた。他方で米英人の中にも、白人に対する非白人の勝利を世界史的文脈の中の一大事としてとらえる者もあった。オックスフォード大学で歴史を講じていたアルフレッド・ジマーンは、その日のことを次のように後に記している。

> オックスフォードで古代史の若き講師だった時に、日本人のロシア人に対する最初の偉大な勝利について受けた印象を昨日のことのようによく覚えている。授業に行って学生たちにこう言った。「今日はギリシア史はわきに置いておくつもりだ、何故なら、既に起こったもしくは起ころうとしている、我々の人生においてもっとも重要な歴史的出来事、すなわち、非白人の白人に対する勝利について話さなければならないと感じているからだ」[3]。

日露戦争を人種戦争と捉えるアメリカの知識人も少なくなかった。ハーバードで学部から学び歴史学で博士号まで取得した歴史家ロスロップ・ストッダードは、日露戦争によって「不敗の白人神話は、堕ちた偶像となり泥にまみれた」のであり、日本の勝利によって白人大国ロシアに対する「黄色人種の勝利の雄叫びが地球の果てまでこだました」と後に書いている。ブリンマー大学教授の政治学者リンドリー・ミラー・キーズビーは、白人による支配を維持する上でロシアが果たしてきた歴史的役割を指摘する。日露戦争の背景に黄禍の存在を見出していた彼が強調したのは、日中同盟の可能性についてであった。なぜなら、そのような同盟によって、「モンゴル人種」が世界に広がり、「白人種」が隅に追いやられてしまうかもしれないからである。「戦時における国家の真の共感は、人種の境界を越えることはない」ではじまるキーズビー教授に取材した『ロサンゼルス・タイムズ』の記事は、日露戦争において、白人国であるアメリカは感傷的にすら日本に対して同情してはならないと結んだ。

極東においてロシアを牽制するために日本を後押しするイギリス当局にも、日本人将校に率いられた大人数の中国軍というイメージは持たれていた。一九〇四年五月一二日付の『タイムズ』紙は、日本人が黄禍に走るのを思いとどまらせようとする記事の中で、そのようなイメージを抱いていることを次のように暴露している。

黒木将軍の学校で戦争の技術を学んだ科学的兵士に率いられた数百万の教練され規律のとれた中国人の一群は、アジア連合はいうまでもなく、それだけで十分に人を不安にさせる悪夢である。［……］しかし、［日本人が］自己の利益を少しでも考慮するなら、自分自身と同じレベルで軍国化した中国を見たいという気持ちを思いとどまらせるに違いない。［……］日本人が中国に対して何をするにしても、自分のライバルを作らないようにだけはとくに気を付けるだろう。

同じころイギリスの新聞に掲載されたレジナルド・グロソップの論説も同様の内容であった。グロソップは、近未来小説で有名なイギリスの著述家で、特派員として乃木将軍の軍に同行するなど極東情勢に詳しい人物として知られていた。彼は、長文の論説「アジア人のためのアジア」において、この間までは西洋列強の狭間で存亡の危機にさらされていた日本が、国民の強力な愛国心と天皇の導きによって、東アジアにおいて卓越的地位を得るまでになったとする。そして、黄色人種を一つに糾合させて、「アジア合衆国」を形成し、ロシアよりも危険になるかもしれないと予言した。

日本の大勝利に渋い顔をしたのはイギリスの市民も同じだった。日本海海戦での日本の大勝利の知らせに、日本の同盟国であるはずのイギリスの人々はそれほど喜んではいなかったどころか悲しんですらいたのを、当時ロンドンにいた孫文は観察している。日本のロシアに対する勝利は白人のためにならないと、明らかにイギリス人が考えている様子を見て、血は水よりも濃いと孫文は結論づけたのであった。[4]

「日本人は平時は奴隷に、戦時は殺戮者となる」

ウィリアム・ランドルフ・ハースト傘下の新聞グループであるハースト系新聞各紙が、反日的論調を鮮明にしはじめるのも、日露戦争をきっかけとしてであった。発行部数を伸ばすためであれば、ありとあらゆる手段をとることで知られていた同新聞グループは、大国ロシアに対峙する東の小国日本に対してアメリカ世論が判官贔屓で概ね日本支持であったときには、日本に好意的な記事を載せていたのが、日本が優位に戦争を進め、それに伴って、黄禍論的記事を世間が求めていると判断するや論を転回させていったものと思われる。

ハースト系の代表的新聞の一つである『サンフランシスコ・エグザミナー』は、一九〇四年八月二〇日付で社説欄のトップに「黄禍はあるか」というタイトルの論説を掲載した。その内容は、日本と中国が連合することで白人が絶滅させられるかもしれないという陰鬱な未来を予測したものである。日本人は文明化していると言われているし、たしかに素晴らしい人々であるが、「心の底では我々の人種を憎み軽蔑している」として、次のように問うている。

もし、人種的プライドをもった中国人に既に仰ぎ見られているこの小さい日本国が、中国人を教練し、二、三〇〇万の武装兵で白人の優越を攻撃したならどうなるだろうか、しかも、求めればまだ無限に何百万も兵はいるのだ。

その答えの一部として示唆されるのは、「五〇〇〇万の中国人の母親が毎年二〇〇〇万の兵士を生む」とか「五〇〇〇万人の苦力《クーリー》が火薬やダイナマイト、刀剣や大砲の製造に従事している」などといった中国の巨大さを想起させる表現や、違った種類のリスの集団を半々ずつ一緒にするとやがて片方しかいなくなるという、社会進化論的エピソードであった。そしてさらに次のように警告がされる。

中国人を味方にすることが出来たなら、少数の彼ら「日本人」は、膨れ上がって地球上でもっとも偉大な国になりうる。彼らが提示している危険は笑い事ではない。

この社説には大きな風刺画が添えられていた。倒されたひげ面のロシア人の上に乗っかって、サーベルを持った小さい日本人が傍らに立つ巨大な中国人に何か呼びかけているという図【図版4】である。そしてそのキャプションには次のように書かれていた。

小さい日本人が巨大な中国人に言うことには「ジョン、俺が一人でどうやってこの大きなロシアの悪漢を倒したかわかるか。来たら俺が戦い方を教えてやる。俺が一人で巨大な白人国を一つ倒せるなら、一緒になったら何ができると思う？」

図版4　*The San Francisco Examiner*, 20 Aug. 1904

後にアメリカを代表する作家の一人となるジャック・ロンドンもこの問題に関心をもっていた。日本や中国からの移民が多いカリフォルニアで幼少期を過ごした彼は、日露戦争中、特派員としてアジアに赴き、地元の新聞や雑誌を中心に寄稿している。『サンフランシスコ・エグザミナー』紙に掲載されたその名も「黄禍」と題する記事において、ロンドンは、日本人がいかに軍事的に優れているかを強調し、近い将来、「アジア人のためのアジア」を実現するほどに強くなるかもしれないと示唆したのだった。

日露戦争における日本人を恐怖する気持ちと、アメリカ西海岸に押し寄せる日系移民に対する蔑みをすぐさま結びつける立場にあったのは、日系移民に職を奪われつつあった、西海岸のアメリカ人労働者であった。

港湾労働者の組合機関紙『コースト・シーメンズ・ジャーナル』は、日本軍が優位に進める日露戦争と、自分たちが守勢にまわらざるを得ない日系移民労働者との職をめぐる争いを関連させて、「東洋における戦争の結果、日本人排斥問題が喫緊の様相を呈した」と声を上げている。同紙は、日本人は天皇のために喜んで死ぬような命に敬意を払わない人々である一方で、アメリカ人は人間の命を大切にするなど、価値観が根本的に異なっており、日本人は平時は奴隷に、戦時は殺戮者となる人種であると説く。また、別の号では、「もっとも危険なのは、増え続ける黄色人種の群れによる［……］脅威を、アメリカ人が十分に理解しているように見えないことである」と警告した。

このように、イギリスや米東海岸の知識人から西海岸の労働者に至るまで、日露戦争をきっかけに、日本の伸長を白人文明の危機と捉える考えが盛り上がった。

日本政府「恐黄熱ノ再発ヲ防クコト」

前述したとおり、富国強兵政策によって欧米列強に追いつこうと努力し、ようやくイギリスと同盟国にまでなった日本政府は、日露の対立を黄白の人種間闘争とする見方が欧米で広まるのを、何としてでも避けたかった。清国政府に中立を要請したのも、日中が黄色人種同士で白人国ロシアと戦うという図式を避けたかったという側面がある。

政府はさらに、「恐黄熱ノ再発ヲ防クコト」に重きを置き、欧米の在外公館に人種的考えの広まりを防止するよう命じた。加えて、ハーバード大学でセオドア・ルーズベルトと共に学んだ旧知の金子堅太郎をアメリカに、ケンブリッジ大学で学んだ末松謙澄をイギリスに、黄禍論の広がりを抑える活動をする目的で派遣した。

このように、欧米列強の恐ろしさを肌で感じてきた日本政府関係者が、国際政治上の対立が人種的対立と見なされないよう神経をすり減らしている一方、自信をつけつつあった日本人が黄禍論を表立って批判しはじめたのもこの頃である。

札幌農学校を卒業したばかりの若き植民学者東郷実は、一九〇六年出版の著書の中で、白人の側が「若し黄禍を唱ふるを止めずんば、宜しく黄人の旗幟を朝風に翻して世界に雄飛するも亦然るべきなり」と書いた。植民地経営のプロである後藤新平ですら日中同盟を至極真面目に説くに至って、黄禍論のせいで欧米が連合することの危険性を感じずにはおれない伊藤博文は「深ク国際間ノ情偽ヲ察セズ、動モスレハ軽卒ナル立言ヲ為スガ故ニ、忽チ西人ノ為メニ誤解セラレ、彼等ヲシテ黄禍論《エロー・ペリル》ヲ叫バシムルニ至ル」と強く反論せざるをえなかった。伊藤の恐怖は杞憂ではなく、黄禍論が実際の軍事や国際政治の世界に影響を及ぼしつつあったことは後に判明する。

オレンジ計画

黄禍論という言説レベルの話が、現実の軍事戦略のレベルに及んだことを示す好例がある。人種的反感がきっかけとなって日本を仮想敵国とする対日戦争計画の策定が米海軍内で進んだのだ。米海軍の作戦計画は、仮想敵ごとに色分けされており、日本はオレンジであった。そのためオレンジ計画と呼ばれた。

明治初頭からハワイへの日本人の移民ははじまっていたが、ハワイよりも賃金の高い米本土への移民の流れは徐々に増加していた。その流れは一八九八年にハワイが合衆国に併合されるとさらに増加する。急増していた西海岸への日系移民の流入は、米国内でさまざまな軋轢を引き起こした。低賃金で働く日系移民に対し、職を奪われると感じたアメリカ人労働者を中心として排日運動が起こったのだ。排日の機運は一九〇六年四月のサンフランシスコ大地震をきっかけに激しさを増すことになる。サンフランシスコ大地震は、当時西海岸最大の都市であったサンフランシスコ市内の建物をなぎ倒し、都市機能を奪ったが、そのなかで多くの小学校も使用不能となった。それをきっかけとして、それまで白人児童と共に通常の公立小学校への通学を認められていた日本人児童も、他のアジア人児童同様に人種隔離学校へ通学すべきと、サンフランシスコ市教育委員会は決定したのだった。これは当時、日露戦争での勝利によって、欧米の白人列強と同等となったと自信を深めていた日本人のプライドを傷つけ、日本国内で大問題となった。日本政府は早速米国政府に抗議し、地方都市の問題が一気に国際問題となったのである。

サンフランシスコ学童隔離事件そのものは、セオドア・ルーズベルト大統領がヴィクター・メトカフ商務労働長官を特使としてサンフランシスコに派遣するなどして事態の鎮静化に努めたため、隔離命令は解除されていったんは鎮静化した。だが、翌一九〇七年春には、サンフランシスコで大規模な排日暴動が勃発するなど、またも雰囲気が張り詰めることとなる。

そのような情勢に触発された海軍大学のスタッフは、対日戦争計画の作成に着手したのであった。また、それと並行して、ルーズベルト大統領の前任であるマッキンレー大統領の意向で海軍本部に設置されていた海軍総会議も対日戦の作戦計画を策定しはじめた。ルーズベルト大統領からは、海軍に対して対日戦についての研究はなされているのかとの問い合わせがあり、それに対してジョージ・デューイ海軍大元帥は、「効果的な」オレンジ計画を準備していると返答している。その後、大統領は改めてロバート・オリバー海軍次官補に、対日戦の計画について知らせるよう指示し、陸海軍統合会議が大統領に計画の概要を直接説明している。

このような情勢の中、ルーズベルト大統領はアメリカ艦隊の日本への就航を命じた。強力なアメリカ海軍の実際の姿を日本人に見せつけることが目的の一つであった。船体が白で塗装されていたこともあり、ペリーの黒船になぞらえて白船と呼ばれることになった示威行為である。アメリカ国内では、日本海軍はアメリカ艦隊を攻撃するだろうなどと恐ろしい噂が飛び交い、日米が開戦した場合、「小さな茶色い人間が戦争に勝つ」と信じていたシカゴ大学のフレデリック・スター博士などは、「艦隊の太平洋岸への派遣はよくない動き」であると反対した。しかし、実際に米艦隊が日本に到着してみると、噂に反してアメリカ艦隊は大歓迎を受けることになり、緊張したムードは和らいだ。

その後も、対日戦を想定するオレンジ計画は、消え去ることはなく、折に触れて改訂されていくことになる。たとえば、パナマ運河工事中の一九一三年版オレンジ計画では、運河開通前に日米戦争がはじまった場合は、フィリピン、ハワイ、パナマ、アラスカ、本土の西海岸においてアメリカは守勢に立たされるので、それらの地域の防衛力強化が必要とされていた。また、日米開戦が切迫した場合は、ハワイの司令官に、現地の日本人全員の拘束などの命令が下ることが定められていた。この段階ではまだ準備的なものであり、オレンジ計画の原型が、陸海軍統合会議で正式に採択されるのは一九一九年、正式な計画として採用されるのは一九二四年になってからである。ただ、黄禍論的思考に基づく人種対立という一見軍事戦略とは無関係なものが、対日戦計画策定という形で安全保障政策に及んできているという点には注意したい。

「イギリスは白人の大義に対する裏切り者」

黄白の争いと喧伝された日露戦争が終結した後も、日本のロシアに対する勝利の影響は容易には消え去ろうとはしなかった。日露戦争終結直後に米国東部の有力紙『ボルチモア・サン』は、中国人が日露戦争での日本の勝利に勇気づけられ、自分たちも白人に対して日本人同様に優位に立てるのではないかと考えはじめていると報じている。

一九〇七年には、『シカゴ・トリビューン』紙が、カンリフ＝オーエンの黄禍論的論説を掲載する。その主張は、もしインドで内乱が起こった場合、人種的理由から日本とインドがイギリスに対抗するために結びつく可能性がある、なぜなら、そもそも「アジア人は、信条、肌の色合い、国によらず、白人を忌み嫌っている」からだというものであった。また、日露戦争において小国日本が大国ロシアに勝利した結果、白人の軍事的及び知的優位性に対するアジア人の信頼がなくなり、アジア人は欧米人と同等どころか優れているという確信が、インド人の心を打っているというのであった。

翌一九〇八年には、ドイツのヴィルヘルム二世はインタビューで次のように発言したと報じられた。もし日本が中国をコントロールしたなら、それはヨーロッパにとって脅威となる、また、日英同盟を結んで日本を支援したイギリスは白人の大義に対する裏切り者である。これはハースト系新聞に掲載され物議をかもしたが、関係者がでっち上げであるとして火消しにまわったため、反響はしりすぼみに終わった。だが、黄禍論に火がつく可能性は常にあり続けていたことを示してもいるであろう。

日米未来戦記

日露戦争からしばらく経った一九一〇年前後の時期、日系移民問題の激化と相まって、黄禍論的恐怖を元にして日本とアメリカが戦争するという未来戦記小説が、日米双方においていくつも著され、評判を呼んだ。中でも代表的なのがホーマー・リーの『無智の勇気』だ。

少年時代をロサンゼルスでチャイナタウンを訪れるなどして過ごし、東アジアに親しみのあったホーマー・リーは、宣教師のつてをたどって中国へと渡り、義和団事件において軍事顧問を務めたこともあるなど、稀有な経験の持ち主であった。彼はそれらの経験をもとに一九〇九年に『無智の勇気』と題する日米未来戦記小説を出版したのである。

その内容は、日米戦争が勃発し日本軍がアメリカ西海岸を占領してしまうという、アメリカ人にとって衝撃的なものであった。同書は注目され、全米各地の新聞や雑誌が取り上げた。ただ、日本軍に米国西部が占領されるという内容は、専門家には荒唐無稽と考えられていた。しかし、大衆には大いに受けた。そして、リーが小説の中で、日系人を日米戦争時の第五列として描いたことは、日系人の異質な裏切者としてのイメージを、すなわち黄禍論的イメージを強化するのに大きな役割を果たした。のちの真珠湾攻撃を、ルーズベルト政権の陸軍長官として迎えることになるヘンリー・スティムソンは、当時はタフト政権の陸軍長官を務めていたが、出版間もないこの本を「荒唐無稽」と軽く見ていた。しかし、そのことを三十余年後に真珠湾攻撃の報に接し、思い出すことになる。

米国連邦議会議員として、黄禍論を唱えたのが、米西戦争の英雄であったリッチモンド・ホブソンである。彼は、ハースト系の『サンフランシスコ・エグザミナー』紙をはじめ多くの新聞・雑誌において、日本脅威論を書き立てた。

有名な軍事的英雄で、連邦議会下院議員でもあるホブソンの発言は、影響力が大きかったと思われる。この時期、多くの出版物に、対日戦の危険性を警告したり煽ったりする黄禍論的記事が掲載されている。日系移民排斥問題によって生じた日米対立のイメージの広まりによって、未来戦をはじめとした黄禍論的言説が人々に求められていたことがうかがえる。

専門家たちの怖れ

このころ巷に溢れた黄禍論の危険性を指摘する記述の書き手には、素性がかなり怪しい者が多く、そもそも東アジアに行った経験もない者も多く含まれていた。だが、中には東アジアでの軍務経験のある将校や、当地での勤務経験のある外交官、そして、研究者など、当時の米英の東アジア問題をリードする立場にあった専門家と言ってよい人物も多数見うけられる。

駐デンマーク米国公使のモーリス・イーガンもワシントンの国務省に向けた電報の中で、黄禍論の危険性について触れている。公使は、日露戦争後にロシアが対日融和的になっている点に注目した。イーガン公使によれば、ロシアはもともと白人ヨーロッパとは異なり、アジア的な存在であるので、日露は容易に結びつき、それに中国が加わって危険な日中露連合が生まれる可能性がある、そして、そもそもそのような危険なものを呼び起こしたのは、日露戦争で日本を支援したイギリスであると批判した。つまり、イギリスが長年無気力なままであった日本人を目覚めさせ、その力を自覚させてしまったと批判する。そして、その「黄色い亡霊」は箱から出てしまい、ふたたび戻すことはできず、自分を解放してくれたり助けてくれたりした者たちにいまや敵対する恐れがあるというのである。

また、イーガン公使は、日英同盟がインド人の反乱を阻止するために機能している点も指摘した。インド人の中の「黄色い魂」もまた目覚めつつあるのが明らかで、厄介なことになるだろうが、日本がイギリスの同盟国であることで、黄色人種に他ならない日本人が自分たちを枷に押し込めているとインド人は認識している。そうして日本の存在がイギリスのインド統治に資しているとしたのである。

日本が率いる黄禍が発生すればイギリスの責任であるという論は以前から見られている。著名なアメリカ人ジャーナリストでフィリピン特派員の経験もあったムラート・ハルステッドは、日本人に訓練された大量の中国人の軍隊という黄禍が発生したなら、それは日本を支援したイギリスの責任であるとタフトに書き送った。

ハーバード大学の歴史学教授で外交官としての経験も豊富なアーチボルド・クーリッジは、経済面から語られることの多かった西海岸への日系移民について、その軍事的危険性を警告した。すなわち、日系移民は、単に安い賃金で働いて白人労働者から職を奪う存在でなく、実は「軍隊の前衛」であり、日米戦争勃発時には、アメリカ国内において突然に敵となって襲い掛かってくるというのである。

アメリカ人による日系移民排斥政策の危険性については、傍で見ていたイギリス人も気がついており、ロンドンの『サタデー・レビュー』誌は、そうした政策は、日本人を立腹させているだけでなく、アジア人を劣等視するその姿勢が中国人の怒りをも引き起こし、東アジア全体を敵にまわす可能性があると強調した。

東アジアについて詳しいアメリカ人著述家のジョゼフ・キング・グッドリッチも、その著書『来るべき中国』において、もし、日本が中国を説得して日中同盟に入らせることができたならば、恐ろしい黄禍が生まれるとして、日中同盟の危険について警告した。

日米の対立を人種を代表する争いと見なす考えも珍しいものではなかった。上海を拠点として東アジアで活動していたアメリカ人ジャーナリストのトマス・ミラードは、一九〇九年にニューヨークで出版した著書『アメリカと極東問題』において、日米の対立は将来、白人と黄色人のどちらが世界を支配することになるかという問題であると書いている。

排日と反米

日米戦争の可能性まで論じられるほどに大きな影響を国際関係にもたらした日系移民問題は、日米両国政府の努力にも拘わらず容易に鎮静化しなかった。この状況を何とか打開しようとした日米両政府は、一九〇七年から一九〇八年にかけて紳士協定を結ぶ。これは日本政府がアメリカへ渡航する日本人に対する旅券発行を制限することで、アメリカへの日系移民の増加に歯止めをかけようというものである。これによって右肩上がりであった日本からアメリカ西海岸への移民数にブレーキがかかることが期待された。

この協定が発効されてから、実際に新規の移民は大きく減少した。だが、すでに移民していた日本人の家族の渡航は引き続き認められたこともあって、サンフランシスコ港に和服姿の日本人が次々上陸する光景は変わらなかった。西海岸の日系移民排斥派からすると脅威が去ったようには到底思えなかったのである。

共和党のセオドア・ルーズベルト大統領が、移民問題の外交問題化を避けようとサンフランシスコ学童隔離事件で問題解決に尽力したのとは対照的に、民主党の大統領候補となったウッドロー・ウィルソンは、むしろ、西海岸の排日論者に対して共感すら示した。一九一二年の大統領選挙においてカリフォルニアで票を獲得するために必要に迫られたという事情があったとはいえ、ウィルソンは、元サンフランシスコ市長で、のちに連邦上院議員も務めるジェームズ・フィーランが起草したアジア人の排斥を支持する白人至上主義的な次の文書に署名している。

中国人と日本人の苦力移民に関して［……］私は全国レベルでの排斥政策を支持する。我々は白人種と交わることのない人々から同質な人々を作り出すことはできない。労働者としての彼らの低い生活水準は、白人農業従事者を締め出すだろうし、他の領域では、極めて深刻な産業上の脅威となるだろう。[6]

このような太平洋の両岸でのお互いに対する敵意は、相手の敵意をさらに高めるという悪循環を生み出した。アメリカ西海岸で日本人排斥が起こると、そのニュースが日本に伝えられ、同胞が差別される知らせに激怒した日本人が反米やアジア主義を唱えると、それがまた翻ってアメリカに伝えられ日系人排斥が強まるという具合である。

たとえば、徳富蘇峰などは、それまではアメリカとの融和を主張していたが、日系人差別の報を受けて、「白閥を退治するの必要を感せすんはあらず。白閥とは申す迄もなく、白晳人種の世界に於ける跋扈是れ也」と書いて汎アジア主義へと向かった。

そして、そのような言説はすぐさまアメリカの新聞にて報じられることになる。それによって、日本における汎アジア主義が盛り上がり、それがさらにまたアメリカ人の間で黄禍論の恐怖を醸成し、日系人迫害が強まっていった。日本人の中には、京都帝国大学の桑原隲蔵《じつぞう》のように、「白人が余りに黄禍、黄禍と囃し立てて、みだりに黄人を抑へ付けると、それこそ黄人の大反抗を惹き起して、黄禍の実現を見るに至るかも知れぬ」とこの相互作用を理解している者もあった。

揺れ動く日本のこのような状況を冷めた目でみていた英『タイムズ』紙は、一九一三年半ばに、日本には他のアジア諸国とは異なる国として認められたいという欲求と、「非有色人種」に対して有色人種の盟主として任じられたいという欲求、その両立しえない二つの欲望があり、その二つは相互破壊的であると書いた。そして次のように結論した。

日本は両方の道を行くことはできない。この問題が深刻なものとなる前に、他のアジア人種と距離を置くのを望むか、汎アジア主義の理想の公然としたチャンピオンでいくか、腹をくくらなければならない。

ただ、このように書きつつも、どこかで日本は結局列強と共に歩むしか生きる道はなく、実利的に考えて西洋列強の側へ戻ってくるという考えも透けて見える。

一八九〇年代半ばにヨーロッパで盛り上がった黄禍論は、アメリカ東海岸に伝わり、すでに西海岸に見られた排日運動と相まって、アメリカ的な黄禍論を作り出していった。そして、黄禍論という言説は、太平洋を行き来する中で、強化され、言説の世界に留まらず、戦略や外交といった現実の世界に影響を与えていった。そうした中、翌一九一四年にヨーロッパで誰も予想しなかった文明国同士の大戦争が勃発すると事態は新しい局面を迎えることになる。

第2章

幻の「人種平等」

国際連盟設立と人種差別撤廃案、そして「排日移民法」

日清戦争と日露戦争で日本が近代兵器を自在に操り西洋列強と互角以上の戦いができることを示すと、日本を主対象とする黄禍論が広く語られるようになった。中国からの移民が一八八二年に禁止されると、アメリカ西海岸には日本からの移民が押し寄せ、職を奪われた白人労働者は排日運動を展開した。白人労働者による日系移民迫害は、欧米との融和を志向していた日本の知識人を汎アジア主義へと向かわせる。そして、その汎アジア主義の盛り上がりが、翻ってアメリカ人の黄禍論を一層強めるという悪循環が起きたのだった。

そのような中、ヨーロッパを主戦場として欧米列強同士が全力でぶつかり合うという第一次世界大戦が勃発し、一時的に東アジアに力の空白が作り出されることになる。欧州列強同士がその本拠地ヨーロッパで戦争状態に入ったため、世界各地の植民地の防衛は手薄とならざるをえなかったのである。世界の関心と軍事力がヨーロッパに集中して向けられる中、日本は東アジアで自由にふるまう機会を得たのであった。

対華二十一カ条要求

第一次世界大戦が勃発すると、西欧列強の力はそれぞれの本国を守るためヨーロッパに集中せざるを得ず、世界各地の植民地の守りが手薄になる。中でもはるか遠くの東アジアの守りを充実させる余裕はどの列強にもなかった。そのような中、米英は、日本が連合国側であるにも拘わらず、その存在を一抹の不安をもって見まもっていた。とくに、外交儀礼を尽くす外交団とは異なり、メディアは正直であった。ニューヨークのある新聞は、日本刀を口に咥えた吊り目の侍が、中国本土の独領を越えて、米領フィリピンをも摑んでいる「恐怖」と題する絵を掲載している。

そのような懸念を現実のものとするかのように日本政府は、袁世凱に対して中国を属国化するがごとき二十一カ条要求をつきつけた。山東省のドイツ権益の継承や旅順・大連の租借期限の延長などを求める第一号から第四号までの要求と、日本人の政治・財政・警察顧問の招聘などを求める第五号の希望条項からなるものであった。日本政府は第五号を米英などにも秘密としていたが、袁政権がその内容を暴露したことで米英は日本に対する不信感を強めることになってしまう。

アメリカの知識人にも読まれていたロンドンの『ニュー・ステイツマン』誌は、二十一カ条要求は日本のアジアにおけるモンロー主義、すなわち、欧米列強に中国のことに関しては口出しさせないという決意の表れであると警告した。同誌は、日本の実力の高まりによって世界で黄色人種の権威が高まらざるを得ず、日本は中国に対する宗主国となり、欧米列強は日本に無断で中国と交渉することはできなくなるだろうと陰鬱な見通しを示した。

アメリカ政府は、日本を「悪の体現者、自由と民主主義の敵、そして将来のすべての世界紛争の原因」と見なすポール・ラインシュ駐華公使の影響もあり、日本の行動を危険視した。しかし、イギリスの軍事力がヨーロッパの戦線など世界各地に割かれ、防衛が手薄な東アジアにおいて大きな軍事力をもつ日本に対して、米英政府としては、あからさまに日本の動きを妨害するような行動に出るわけにはいかなかった。

アメリカのマスメディアの中には、日本が中国を支配した上で、力を合わせて西洋に刃向かう危険性を指摘するものが目立った。ボストンの『リビング・エイジ』誌は、先の『ニュー・ステイツマン』誌の、日本が中国を牛耳ることになる危険性を指摘した記事を転載して日本の危険性を煽った。有力日刊紙『クリスチャン・サイエンス・モニター』は、日中合同の危険について書いている。小さい島国日本は、自国の資源のみでは何もできないが、中国の膨大な人口や資源をほしいままにしたならば、大いに心配しなければならない大国となるだろうというのである。そのような中、二十一カ条要求によって、日本が中国を従える形での脅威が現実のものになったように感じられた。

このころ、中国を従えた日本の危険性について、ウィルソン大統領も懸念を示している。ドイツとの外交関係を断絶する可能性について議論が及んだ、アメリカが参戦を決める直前の一九一七年二月二日の閣議の模様を農務長官として参加していたデヴィッド・ヒューストンが記録している。皆が着席するなり、大統領は、ドイツとの外交関係を断絶するべきかどうかと問いかけた。皆が答える前に間髪を容れずウィルソンは、自らの意見を開陳している。

それによれば、黄色人種、たとえば中国を支配しロシアと同盟した日本と対抗する目的で、白色人種を強い状態に保っておくために、ヨーロッパの戦争に介入しないで何もしないでおくのが賢明と感じるならば、自分は何もしないだろうし、それによって弱虫とか腰抜けとかいった汚名やほかのいかなることにも甘んじようではないかとまで述べたのだった。黄色人種に白色人種が勝つためであれば、対独参戦しないかもしれないとまで示唆したのである。

ヨーロッパでの戦争のため欧米列強の力がそがれている隙をついて、日本が独自に中国に対して資金援助をしたことも、中国の門戸開放を唱えるウィルソン政権に警戒感を抱かせた。このいわゆる西原借款について、以前から日本を「自由と民主主義の敵」と見なしていたラインシュ駐華公使は、

「東アジアにおいて日本の優越を主張し、アメリカや諸外国を排斥する基礎として、中国の財政、交通、伝達のシステムを支配するための総合的計画の一環」と喝破して批判している。このような考えは、ラインシュ公使独自のものではなく、ワシントンの国務省中枢にも同様の考えを持つ者があった。

ただ、間もなく西原借款を推進した寺内内閣が総辞職し、跡を継いだ原首相は、対米英協調路線をとり対中借款を停止する。また、借款を受けた段祺瑞政権も影響力を失っていった。そのため、西原借款をめぐる日米の対立は収まっていったのである。しかし、それは偶然が重なって収まっただけで、アメリカ政府が他に関心を移していると、隙をついて日中は手を結ぼうとする可能性があるという否定的印象をアメリカに強く残すこととなった。

日中印合同

第一次世界大戦でヨーロッパ列強の植民地防衛が手薄になっているのは、南アジアも同様であった。日英同盟があるものの、人種的言説によってアジアで指導的地位を得ようとする日本の動きをもっとも警戒したのはイギリスである。中でもインド独立運動家が日本で活動しており、同盟国であるイギリスによるその取り締まりの要求に対して、日本が真剣に取り合っているように見えないことがイギリス政府関係者を苛立たせていた。

折しも、有力なインド独立活動家の一人であるタラクナート・ダスが日本に入国し、「日本は亜細亜の盟主として、総ての亜細亜人を率ゐて、屹然として立たねばならぬ」と唱え、さらに中国を訪問して中華民国国務総理も務めた有力者である唐紹儀と面談した。ダスと唐紹儀は、日中印を提携させることで東洋の諸民族を連合させ、近い将来の白人に対する「人種的競争」に備えなければならないという考えで一致している。ダスは、上海において英文の小冊子「日本はアジアにとって脅威か」を発行し、その中で日本をアジアにとっての救世主として描いた。唐はその小冊子に「日本と中国とインドが、すべての侵略者に対してアジアの独立のために立ち上がり、共同して活動することを希望する」との序文を寄せている。この小冊子では徳富蘇峰も付録を執筆しており、限られたメンバーとはいえインド独立派に日中の著名人が協力している様は、英米当局者とくにイギリス当局の危機感を煽るものであった。そのことは、イギリス陸軍情報部が作成した「汎アジアの可能性」と題する覚書からも見て取れる。この覚書の結論としては、中国人は欧米人を嫌う以上に日本人のことを嫌っているので、日中印同盟の形成はありそうにないと分析していたが、随所に不安感がにじむものであった。たとえば、日本が中国を抑え込んでしまえば、既成事実を中国人は黙認して日本人に従うだろうし、日本が中国を苦しめている欧米勢力を追い出すことができれば、中国における日本の威信は高まり、アジア連合を実現する上で大きな推進力を得ることになるだろうと警告している。加えて、華北の中国人はよい軍人となる素質があるから、日本人によって適切な教練を受ければ、日本人士官に率いられた巨大な中国軍が立ち現れるかもしれないとしていた。ここから、膨大な数の中国人の軍隊が近代化した日本に率いられているというこれまで頻繁にみられてきたイメージが、軍の情報部の公文書においても真剣に想定されていることが見て取れる。

小冊子「日本はアジアにとって脅威か」の出版に呼応して、同じく上海のセント・ジョンズ大学で教鞭をとる舫春宗が、「日本の最大の過ち」と題する英文パンフレットを著した。このパンフレットは、日本は白人国イギリスの側に立って第一次世界大戦に参戦したが、それは過ちであり、日本はアジアを抑圧するイギリスに対して戦いを挑むべきであったと主張する。そうしていれば、日本はいまごろアジアの海でイギリス海軍を労せずに撃破していたことだろうとさえ言う。その上で、日本人は、「日本人と中国人［が……］同じ人種に属していることは忘れてはならず」、日中はアジアのために共闘しなければならないとした。そして、「人種は、今次の戦争には表れていないものの、世界の政治史において最重要な要素であり、そうであり続けている」と結んだ。

このパンフレットの内容については、ＡＰ通信によってアメリカにも伝えられ、全米各地の新聞がこれについて報じている。ペンシルバニア州の地方紙『ハリスバーグ・パトリオット』は、中国人教育者によって日本で配布されたそのパンフレットが、日中は違いを忘れて争いをやめ、同じ人種であることをもって欧州列強の圧倒的支配に抵抗すべく合同して、東亜の支配のために共に努力せよと促していると伝えた。『オースチン・アメリカン・ステイツマン』も、「それほど友好的でない別の夢」と題して、同じ内容を伝えている。

舫春宗は遠く上海のさして著名でもない中国人教員であった。その人物によるパンフレットの発行が全米各地で報じられたのは、日中が合同して白人支配に立ち向かうというアイディアが、アメリカ人が抱いていた黄禍論的恐れの気持ちの核心をついていたことを表している。

人種差別撤廃案

日中合同の恐怖心を刺激するような日本側の動きが起きるのは、第一次世界大戦終結直後からである。

一九一八年一一月、オーストリア＝ハンガリー帝国とドイツが連合国との休戦協定に署名し、第一次世界大戦は終結した。大戦中欧米の力が主戦場であったヨーロッパに向けられる中、東アジアで自由に振舞った日本は、地域的な指導国家としての立場に居心地の良さを覚えるようになっていた。しかし、欧米列強は、これ以上の日本の突出を許すつもりはなかった。大戦中に獲得した東アジアにおける立場を維持したい日本、戦前の状態にできるだけもどしたい米英、さまざまな思惑が交錯する中、戦後秩序を話し合うパリ講和会議に向けて、準備が進められた。

日本政府がパリ講和会議に向けての方針を話し合う中で重視された項目の一つが、人種差別撤廃である。列強の中で日本だけが人種が異なるため、時に、植民地化された国々が受けるような差別を日本も受けかねず、それが長年の日本の懸案であった。そんな中、発表されたウィルソンの十四カ条の中に記された国際連盟に日本政府は注目する。人種平等が実現しない状況での国際組織の設立と加入は、非白人国である日本にとって不利になる可能性を捨てきれず、「人種的偏見ヨリ生スルコトアルヘキ帝国ノ不利ヲ除去センカ為メ事情ノ許ス限リ適当ナル保障ノ方法ヲ講スルニ努ムヘシ」とされたのである。

日本が講和会議で人種差別撤廃を提案する心積りであることを内田康哉外相から伝えられたローランド・モリス駐日米国大使がまず危惧したのは、日中共闘の可能性であった。日本がパリ講和会議を、黄色人種が国際社会で差別をされなくするチャンスとみているのは明らかで、そのような中、同じ黄色人種である中国と手をとりあって、パリで欧米列強に人種平等を要求してくる可能性をモリス大使は大いに懸念したのである。そんなことになれば、新しい国際機関に関する議論が米国内の人種問題にまで及びかねず、忌々しきことであった。日本人は「黄色人種の平等を主張する機会を国際連盟の創設は与えてくれる」と考えており、そのことを念頭に、「中国と協調できるように日中で即時同盟を締結することが真剣に議論されている」とモリス大使は国務長官に報告した。国際連盟において人種を足掛かりに、アジアのリーダーとしての地位を確立し、アメリカ西海岸においても自国の移民の権利を保障させようと日本は目論んでいるとモリス大使は感じ取って警戒したのである。

「英米本位の平和主義を排す」

こうした状況で登場したのが、近衛文麿である。同人種同盟を唱えた父篤麿が一九〇四年、文麿がまだ一四歳の時に病没し、長男文麿は若くして名門近衛家の当主となっていた。そして第一次世界大戦の戦後処理を決めるパリ講和会議を控えた一九一八年の終わり、三〇歳に満たない文麿が、「英米本位の平和主義を排す」と題する論説を発表したのである。

その内容は、父篤麿の「同人種同盟」を彷彿とさせる反英米的なものであった。欧州列強による中国の蚕食に憤っていた篤麿は、同人種同盟論をものした後、東亜同文会を率いて、東亜の保全と団結を目指していた。篤麿の後を継いだ名門近衛家の若き当主で将来は日本の指導者となることが嘱望されていた文麿が、同盟国のイギリスやその友好国アメリカを正面切って批判する論説を著したことは大いに耳目を集めた。

近衛はこの論説の中で、日本は、国土も狭く、植民地も少ないため、現在の国際秩序を固定化するような方向での取り決めは、すでに世界情勢において有利な地位にある英米の地位を固定化してしまうと批判した。現状を固定されると不利になる立場はドイツと同じであることを日本人は自覚しなければならないと、米英中心の国際連盟構想に盛り上がる日本の世論に冷や水を浴びせかけたのである。また、「黄人に対する差別的待遇を規定せる一切の法令の改正を正義人道の上より主張せざる可らず」として、黄色人種に対する人種平等を主張していた。

まだ二〇代の若者によって書かれたこの論説に含まれた危険な意味合いをまず感じ取ったのは、日本に暮らしていたアメリカ人外交官である。モリス駐日米国大使は、この論説について早速国務省に報告した。モリスは、日本がドイツ同様に現状打破政策をとるべきと述べている点に注目する。また、白人植民地において黄色人種が差別されている点を大いに不満としている点にも着目した。そして、それらの不満は、近衛一人のものではなく、日本では多くの政治評論家に共有されているので注意すべきと強調したのである。

在中国のアメリカ人も近衛の論考に注目した。上海の『ミラーズ・レビュー』誌のジョン・パウエルも、同誌の巻頭社説で近衛の論考を早速取り上げた。米英と並んで戦勝国の一つとなった日本が、敗戦国ドイツに共鳴しつつ米英を批判したことを驚きをもって報じつつ、この論考を公にした後、近衛がパリ講和会議の代表団随員の一人に任命されたため、その関係を訝しがる。近衛の主張は実は隠された日本代表団の考えではないかというのだ。日本が米英の考えに盾突くことはアメリカ人のパウエルには許しがたいことであった。最終的には、講和会議では近衛のこのような論は重きを置かれないに違いないと述べて胸をなでおろしつつも一抹の不安を禁じ得ない気持ちが伝わってくる社説であった。

近衛の「英米本位の平和主義を排す」が『ミラーズ・レビュー』に否定的な取り上げられ方にせよ紹介されたことが予想外の出来事につながる。当時、上海のフランス租界に住んでいた孫文の目に留まったのだ。孫文は早速、側近の戴季陶を差し向ける。スエズ経由でパリに向かう途上、近衛は孫文邸に招かれ、夕食を共にしている。孫文は、「東亜民族覚醒」に話が及ぶと熱弁を振るったという。山東問題では激しく対立する日中であったが、「英米本位」を排するという点では思いが重なることを示す一例であろう。

米国内でも、極東情勢に詳しい者にはこの近衛の論は無視することはできなかった。著名なニューヨークの法律家ガイ・モリソン・ウォーカーは近衛の論説に注目し論駁する。ウォーカーは、宣教師の家庭に生まれ幼いころ北京で一〇年程過ごしたため、英語と中国語両方に通じ、アメリカの在中国公館長としてたびたび名前の挙がる極東通として知られていた。ウォーカーは、欧米列強の態度を差別的と批判する近衛の論を二面的であると厳しく批判した。すなわち、英米の植民地主義を批判する一方で、日本自体も植民地支配を展開しており、また、中国に対しては二十一カ条要求を突き付けている。また、白人列強の有色人種差別を批判し人種平等を唱える一方で、アジアの隣人を差別しているとして近衛の論考を論難したのである。日本が自らは植民地主義を追求するだけでなく、その一方で、米英のそれを批判するに至っては、黙っていられなかったのであろう。

否決された人種差別撤廃案

一九一九年一月、牧野伸顕を中心とする日本代表団はパリに到着し、日本代表の到着を待たずすでに開始されていた大戦後についての話し合いに加わることになる。アジアに関する懸案以外では沈黙を貫いたためサイレントパートナーと揶揄された日本代表であったが、二つの懸案については積極的に動いた。それが人種差別撤廃案と山東問題であった。

日本がパリ講和会議で人種差別撤廃を規定する条項を国際連盟規約に入れるという提案を提出するという話が伝わると、アメリカ国内では、日系移民問題が想起され、国際機関が国内問題に介入することを恐れる論調と相まって議論を呼び起こした。アメリカが加盟した場合、主権が制限されて国際機関にアメリカ国内の人種問題、とくに西海岸の日系移民問題に容喙《ようかい》される恐れがあると懸念したのである。連邦議会ではある議員が早速次のように反対の意を表明している。

我々は、国民の性質や水準を下げることなしには、これらすべての劣等人種を同化することはできない［……］人種の排斥や受け入れの問題は、国内問題にすぎない。人種的性質、その習俗、理想、制度、そしてそのような性質に沿った政治制度を保存する権利は、すべての現実の国家のもっとも不可欠かつ神聖な権利である。[7]

この問題にとくに危機感を覚えたのは、日本からの移民が集中していた西海岸出身の議員であった。元サンフランシスコ市長で、カリフォルニア州選出連邦上院議員のジェームズ・フィーランは、パリの講和会議アメリカ代表団に向けて「アメリカにおいて東洋人が白人と対等になるような抜け穴には、西部の上院議員やその他の議員は反対すると考えてもらいたい。自己保存に関わる極めて重大な問題なのだ」と打電し、人種平等が認められるような国際機関の設立を定める条約の批准には西部選出議員の同意は得られないと警告したのだった。

結局、オーストラリアなどの強い反対もあって、委員会で人種差別撤廃条項の採択は否決された。欧米の代表団の一部は、日本代表団が人種平等提案をもち出してきたのは、山東問題を有利に運ぶための戦術に過ぎないと考えた。しかし、日本各地で人種差別禁止条項採択のための集会が開かれるなど期待が盛り上がった日本人の心にこの否決は大きな影響を与えた。

日本国内では、発起人の大竹貫一をはじめとする多くの国会議員を中心に、内田良平や頭山満、東亜同文会の田鍋安之助、それに外務次官の幣原喜重郎らが集まって人種差別待遇撤廃期成同盟大会が開催された。この大会には、陸海軍、宗教界、学界、新聞記者などさまざまな分野から関係者が詰め掛けて、人種差別待遇を撤廃すべしと演説し、この問題に対する運動のすそ野の広さを感じさせた。

この大会は回を重ね、人種差別撤廃を認めない国際連盟からは脱退すべきなどの強硬な意見が出されていく。これは、人種差別撤廃案が、米英代表の見るような山東問題に関する単なる取引材料に留まらない、大きな問題意識を多くの日本人が抱いていたことを示していると言える。この人種差別撤廃案撤廃に対する日本人の憤懣は、しばらく後のアメリカの人種差別的移民法の制定によって噴出することになる。

山東問題では日本と敵対するものの、人種差別撤廃問題では、ある意味、日本と同じ側に立つ中国人たちは、この問題にどのように向き合ったのだろうか。最終的投票では賛成にまわるものの、中国代表の態度は終始微温的であった。山東問題について強硬な態度に出て中国大陸における利権拡張を目指し、また、中国をはじめとする他のアジア諸国には差別的態度をとりつつ、人種平等を訴える日本の態度に、中国代表も鼻白むものがあったに違いない。

陳独秀が『毎週評論』三月九日号に、日本の中国に対する差別的態度や朝鮮半島植民地化を念頭に、黄色人種同士の平等も実現できていないのに、白人に対して平等を要求することなどできようかと書いているのが一例であろう。南京大学の王治平も、日本を指導者とする汎アジア主義を実現させるため、日本は本心を隠して人種平等を唱えており、血は水より濃いというのは昔の話であると書いている。『ミラーズ・レビュー』のジョン・パウエルも、中国人に寄り添った視点からこの問題を見ていた。彼の論調は、日本が人種平等を訴えるのは、アジアの人々のことを考えてのことではなく、利己的野心のためであり、アジアの人々はそれに騙されてはならないというものであった。

ただ、こうした中国人や中国在住のアメリカ人の警戒があったにも拘わらず、日本人と中国人が、人種が同じであるが故に、同一歩調をとるのではないかという見方を容易に捨てきれないアメリカ人もいた。以前特派員として中国に滞在したアメリカ人国際ジャーナリストのフレイザー・ハントは、「西洋は中国人が黄色人であり、日本の黄色人と大いなる同色の絆でつながっていることを忘れてはならない」と書き、その論拠として上海でのあるエピソードを紹介して次のように書いている。

それは上海のある個人宅での食事会であった。三〇膳にも及ぶすばらしい夕食であった。中国人の中でももっとも優れた頭脳を持ちもっとも賢明な一人が、内緒で親密な感じで私に話しかけた。「パリ会議での我々の代表は大いなる間違いを犯しました。それは山東問題全てを不問に付した上で人種平等要求において日本を強く支持するということをしなかったときのことです。」この男は白人による中国侵略の歴史を知っているし［……］それに飽き飽きしていた。アジアの偉大なる黄色や褐色の人種が、自分たちの権利を主張し、ヨーロッパ人に課された首輪を破壊することを彼は望んでいたのだ。[8]

アメリカではこの人種差別撤廃案否決は、どのように見られていたのだろうか。

否決されたことに大勢は満足していた。ただ、米国内では日系移民排斥の急先鋒であるハースト系新聞は、人種差別撤廃条項否決にも満足していない。『サンフランシスコ・エグザミナー』紙は、「もし日本が、眠る［山東半島の］四〇〇〇万人の目を醒まさせ、訓練し、組織したなら結果はどうなるだろうか」と、日本人が中国人を従える形での黄禍論の恐怖を繰り返し想起させるのだった。

米国連邦議会でも、人種的な視点から、国際連盟への参加の危険性について熱弁が振るわれている。南部と中西部の境に位置しつつも南部的色彩を強く残したミズーリ州選出のジェームズ・リード上院議員は、有色人種のことを「文明の屑」で「遅れた連中」と見なしていたが、黒人やアジア人に対して同様の考えを持つであろう南部や西部選出の議員たちに向けて次のように訴えかけた。

同国人たちよ、もし、あなた方が国際連盟を設立するなら、それはアメリカの扉をすべての人々に開くという宣言に大きく歩を進めることになるのだ。我々の門を中国人や日本人が叩くようになる。そして、彼らと共にこの偉大な国の黄金の扉を通りたいアジアとアフリカのすべての人種がやってくるのだ。

米国議会が国際連盟加盟に反対したのには、非白人に対するアメリカ白人の嫌悪も大きな理由であったのである。

この同じ頃、日本が主導してアジアをまとめるという汎アジア主義的な動きに米国務省が注目し、日本による汎アジア主義的な動きに関する情報を系統立てて収集しはじめたのは、偶然ではないだろう。

『有色人の勃興』

日本代表がパリ講和会議において提案した人種差別撤廃案は廃案となった。だが、その提出自体が、東欧や南欧からの大量の移民の流入や、日系人問題を抱えるアメリカ人を怯えさせた。もし、新しく創設される国際連盟にアメリカも加盟した場合、国内で人種差別的な政策を採ろうとしても国際連盟内で日本の意見が支配的になると、アメリカ国内で自由に政策が展開できないのではないかと考えられたのである。

この頃アメリカ国内では、新来の移民を大幅に制限する新たな移民法が首都ワシントンで検討されており、カリフォルニア州では日系移民をターゲットにした外国人の土地所有を禁止する州法が可決したばかりであった。世界の頂点を極めたヨーロッパの文明国同士が殺しあう第一次世界大戦の勃発は欧米人の自信を失わせたが、これまでと異なる新たな移民の流入はアメリカ社会を不安定化させ、保守的な国民の心を不安にしていたのである。

このタイミングで出版されたのが歴史家ロスロップ・ストッダードの『有色人の勃興』である。このなかでストッダードは、「異質な」移民の流入によってこれまでのアーリア系白人を中心とするアメリカ社会は「汚染」され、弱まっていくと主張した。この書物は、第一次世界大戦直後の不安な世相と相まって爆発的に売れ、フィッツジェラルドの小説『グレート・ギャッツビー』の中にすら、ゴダードという人物の著した『有色帝国の勃興』という形をとって登場している。フィッツジェラルドはその書物について登場人物のトム・ビュキャナンに次のように語らせている。

おれたちが警戒しなければだな、白色人種は［……］完全に沈没してしまうというんだな［……］おれたち、支配的人種に警戒の義務があるんだよ。さもなければ、他の人種が支配権を握ることになる。[9]

このような白人文明についての不安が現状の先の見えなさと相まって、日本による汎アジア主義に対するアメリカ人の恐怖や不安が高められたのは間違いない。

ワシントン会議と人種要因

第一次世界大戦後のアジア太平洋地域の利害を調整するため、そして、アジア太平洋地域で急速に力をつけつつあった日本の扱いを協議するため、ワシントン海軍軍縮会議が開催される。そこにはちょうど更新の時期を迎えつつあった日英同盟の扱いも含まれていた。

極東で力をつけていたロシアを牽制する狙いから結ばれた日英同盟であったが、急速な日本の強国化と、日米の利害対立の深化によって、その位置づけは変化していたのである。アメリカ人の中には、日米戦争が勃発した場合、日英同盟があるせいで、イギリスが日本側につくのではないかと心配する者が決して少なくなかった。その中には、米英を共にアングロ・サクソン系の国と考え、日本を異質なものと考える人種主義的思考法をとる者も多くみられた。

彼らは、日米が対立関係を深める中、日米戦争時に、兄弟国と考えるイギリスが白人ですらない日本側につく可能性を何としても潰したいと考えるようになる。軍縮会議開催直前、『ボルチモア・サン』紙は、日米戦争のときイギリスが「日本側に」つくかもしれないと書く箇所を「黄色人種の側に」と表現し、肌の色で国際関係を見ていることを露にする日英同盟関係の記事を掲載した。もしこの軍縮会議が失敗に終われば、第一次世界大戦をはるかに凌ぐ大戦争が起こり、その結果として世界は黄色人種に支配されると予測する者もあった。赤十字運動の指導者の一人で、セオドア・ルーズベルトやハーバート・フーバーとも親しいレイモンド・ロビンズは、アメリカ各地で講演し、その大戦争の死者は三〇〇〇万人に上ると予測し、結果として、西洋文明は破壊されると予言した。

軍縮会議をめぐる議論から、多くの人々が人種に基づいて思考していることが露になる。たとえば、『ボストン・グローブ』の著名な編集者であるジェームズ・モーガンは、「人種戦争を避けるためにとモーガンは語る」という論説を著し、最初から日米の対決を、「人種戦争」と捉えていることを隠そうともしない。ワシントン会議を「日英同盟の葬式」と呼ぶモーガンによれば、アメリカが避けなければならないのは、西洋文明と東洋文明の間の「絶滅文明間戦争」である。なぜなら、それは想像しうるもっとも恐るべき戦争となり、戦争終結までにどちらかは破壊されないわけにはいかないからであった。

ワシントン軍縮会議は、日本を日英同盟から引き離し劣位な主力艦比率を認めさせ、米英協調体制の中に置くことで終了する。軍縮会議がアメリカの思惑どおりに終結した後も、人種衝突をめぐる叫びはやまなかった。ハーストグループ社主のウィリアム・ランドルフ・ハーストは、ワシントン会議での日米の合意を攻撃したのである。ハーストによれば、まだ真の意味での世界戦争は起きておらず、それは白色人種と黄色人種の間に起きるのであり、そのような情勢を踏まえれば、今回の会議でアメリカは「世界の黄色人種の国々の支配的国家、すなわち、白人に対する一〇億もの人種的敵の軍事的指導者」として日本を正式に認めてしまったと批判した。白人国家は互いに相争っている一方、お墨付きを得た日本は黄色人種の指導者となり、まとまった黄色人種によって白人の優越が危機に晒されることになるというのである。

ワシントン会議を人種的な観点からみたのは、なにもメディアに限らなかった。専門家の中にもそのような見方が見られる。米陸軍参謀本部情報部に所属した経験もあるアルフレッド・デニスは、ワシントン軍縮会議を、白人と黄色人種とのさまざまな関係に関する会議だと捉えた。彼によれば、日本が東アジアで大国になることを決意しており、それに対して欧米列強はそのような動きを好ましくないと考えている以上、ワシントン会議は、異なる肌の色の接触を解決するためのものであったとした。彼が寄稿した論説のタイトル「ワシントン会議とカラーライン」がまさに彼の考えを象徴的に表しているといえよう。

さて、当の日英はというと、当初はともに日英同盟継続の考えであった。しかし、アメリカ政府の反対やアメリカとの関係強化を求める英自治領の要望などによって、同盟は破棄され、はるかに無力な四ヵ国条約にとってかわられた。日本側の一部はそれをアングロ・サクソンによる陰謀と捉え、以降、そのような人々はワシントン会議を人種的文脈で捉えることになる。

とはいえ、兎にも角にも、米英と日本が太平洋における安全保障において合意をみたことで、地域の戦後秩序は落ち着きをみせた。いったんは決定したイギリスによるシンガポールの海軍基地建設工事も中断されたままとなる。米国西海岸への日系移民流入も、紳士協定によって日本からの移民数は自主規制されていた。親中的なウィルソン政権に取って代わった米共和党政権は、日本とのビジネス関係を重視する姿勢を強めていき、太平洋は平和の海となっていった。一九二三年九月に発生した関東大震災に対して、アメリカから大量の支援が寄せられ、日本の対米世論は改善した。

だが、世論の改善は一時的なものであって、問題が根本的に解決したわけではない。日系移民排斥や有色人種差別は、アメリカ人の中に深く根差した世界観がその背景にあり、容易に取り去られるものではなかった。一方、日本人の側も、アメリカの対日友好的な態度に接すると融和的になるものの、パリ講和会議における人種差別撤廃案否決や米西海岸の日系人差別による傷が、心に棘のように残っていた。昭和天皇は、「日本の主張した人種平等案は列国の容認する処とならず、黄白の差別感は依然残存し加州移民拒否の如きは日本国民を憤慨させるに充分なもの」であったと後に側近に語ったという。

アメリカの知識人の中にはそれを切実なものとして受け止めていた者もいる。ハーバード大学教授のウィリアム・マクドゥーガルは、日本やインドのような人口過剰の国の移民の排斥が原因となっての白人に対する人種戦争は起こりうると警告した。同様の指摘は、米有力紙にも見られた。『シカゴ・トリビューン』紙も日系移民問題について警告し、「地震の影響から回復しつつある日本はまた怒りを滾らせつつある。米国で日本人を制限する提案の報道が日本に届くたびに、そこには怒りがある」と警告を発した。また、先のトマス・ミラードも一九二四年初頭に出された著書において、日本は西洋がアジア人を人種的に差別していることを利用して、アジア人全体を味方につけて、欧米列強を打破しようとしていると書いている。マクドゥーガルによれば、欧米人は、そのような危険性について理解していないわけではないが、第一次世界大戦という緊急事態に際して、危険性をはらんだ日本をつい利用してしまったのであった。

しかし、日本をめぐる危険性に自覚的であった者は稀であった。米英の指導者の多くは、多くの日本人が、ワシントン海軍軍縮会議の結果を忸怩たるものと考えていたことを理解していなかった。彼らから見れば、第一次世界大戦中に中国大陸への野心を露にした日本を、ワシントン条約によってアメリカ主導の太平洋秩序に引き入れることに成功し、アメリカはふたたび穏やかな太平洋に面するようになったかに思えた。そのような中、日本からの移民を完全に禁止する人種差別的条項を含んだ移民法案が米国議会を通過することになる。

駐米日本大使館の努力も空しく一九二四年四月半ば、アメリカ連邦議会において、日本とは名指ししないものの実質的には日本からアメリカへの移民を一切禁止することを意図した条項を含む移民法案が通過してしまう。[10]

「排日移民法」制定

この移民法は、もともとは一九世紀末からの東欧や南欧からの移民の激増に対処することを主目的とするものであったのだが、カリフォルニア州を中心とする西海岸選出の議員たちの意向で、日本からの移民を全面的に禁止するための条項を付与されたのであった。条文の文言上は、「帰化不能外国人」の移民を禁止するというもので、条文の中に「日本人」という文字は見られない。だが、中国からの移民が一八八二年のいわゆる中国人排斥法で禁止され、その他のアジア地域からの移民がその後の連邦法で実質的に禁止されていたため、日本人を狙い撃ちする排日条項であるのは明らかだった。

時のクーリッジ政権は、日米の外交関係に悪影響が出るのを懸念して、排日条項には反対であったが、議会の多数が法案成立を望む以上、いかんともし難かった。国務省は、排日運動は西海岸の一部の労働者による局地的なものであり、アメリカは国としては親日であると主張した。しかし、多くの日本人は、その条項の背後に、アメリカ社会に根差した、アングロ・サクソンを頂点として有色人種を下に見る人種観が根深く存在していることを感じ取らざるを得なかった。そもそも、この法案の起草者の一人であるデイヴィッド・リード上院議員は、この法案の背景にある考えとして、「今後やって来る移民は、すでに居るのと同じ人種であるべきとするのがアメリカにとって最善である」と本音を述べていた。

「国辱」への怒り

日本人は、当初法案の廃案への期待を胸にことの成り行きを見守っていたが、法案が議会を通過すると反米の機運が日本全国で盛り上がる。人々はこの移民法を「排日移民法」と呼んで憤り、反米集会を開催した。早くも四月二三日には、大阪中之島公会堂において対米問題市民大会が開催され大阪毎日新聞の主筆が開会の辞を述べている。そこには四〇〇〇人が詰め掛けた。五月に入ると、在郷軍人会が靖国神社前で大会を開催し、八〇〇〇人が集まっている。そして「外国の軽侮を受けている今日の時局に際し［……］皇室国家に対して危惧を与ふるものを徹底的に膺懲する覚悟を神前に宣誓」した。

大きく反応したのは右翼的な団体だけではなかった。全国水平社からも強硬な決議文がウッズ駐日米国大使に渡されているし、アメリカ人宣教師はすべて日本の国土から追い出されるべしと唱える日本人キリスト者もあった。それでもアメリカの友誼を信じる日本人は、大統領が拒否権を行使してくれることを期待していた。しかし、五月二六日にクーリッジ大統領が法案に署名すると最後の望みは絶たれ、抗議運動も過激化していく。

五月三一日には、ついに抗議の切腹をする者が現れた。アメリカ大使宛の抗議の手紙を胸にしての覚悟の自殺であった。この切腹は大きな反響を呼び、大規模な「国民葬」が営まれるほどで、安置された遺体に線香を手向ける者が引きも切らなかったという。六月五日には、両国国技館で移民法に反対する対米国民大会が開かれる。午後一時の開会にも拘わらず、朝から押すな押すなの大行列で、最終的には二万人が集まったという。頭山満や上杉慎吉らが演壇に立ち、アメリカの非礼を糾弾している。また、先の切腹した憤死者に対しては、「国士の礼を取る」とされた。大会は、「米国の排日法に絶対之に反対すること」を決議して、興奮のうちに散会している。

欧米人がよく利用することで知られ、当時は関東大震災で被災したアメリカ大使館の機能の一部を担っていた帝国ホテルに、日本刀をもった一団が殴り込んでもいる。彼らは驚く宿泊客らを前に剣舞を披露し、アメリカ映画の上映禁止、アメリカ人宣教師の国外追放、日米条約の破棄、アメリカ製品のボイコット、アメリカ人の日本入国禁止などを要求している。

日本国内で反米世論が盛り上がる中、新渡戸稲造や内村鑑三のようなアメリカとの友好を説く言説が急速に説得力を失っていく。一方で、国際関係を有色人種対白色人種の対立として捉える言説が多くみられるようになった。その多くが、アジア人種が手を取り合って白人と対抗しなければならないと唱えた。総合誌『太陽』の中で、政治家大石正巳は、「アジア民族の総同盟を策せよ」と題して「支那、印度を味方として強力なる有色人種連盟を組織し、吾々有色人種の共同の敵たる白人種に対抗しなければならぬ」と論じている。移民法案の通過をうけて急遽出版した著書『米禍来る——日本危機』において作家の樋口麗陽は、「亜細亜の各有色民族は、日本を盟主として大同団結し、この絶大なる侮辱と驕慢なる挑戦に対抗しなければならぬと憤激して居る」ので、遠からず、「亜細亜有色人種の大同団結と米国とが、太平洋上に相まみえて人種的争闘」に及ぶだろうと予測した。

この移民法に仮に排日条項が挿入されていなかったとしても、日本に認められたであろう移民数はわずかであったため、アメリカの識者の多くは、経済的視点からそこまで大きな影響はないと考えていた。ところが、日本国中で反米集会が開かれるなどの反応の大きさに彼らは驚くことになる。

中でもアメリカとの貿易に依存している実業関係に従事する日本人ですら今回の立法に憤っていることは、アメリカ人にとっては予想外であった。『ニューヨーク・タイムズ』紙は、日本郵船のある幹部が、日本は中国と密接に協力し、アジア諸民族との連合を育むのが今や正しいように思えると述べたことを意外の念をもって報じている。実際に移民法が適用されるのは出稼ぎ目的の移民希望者でありエリート商社マンや外交官にとっては関係のないことと思われたため、そのような反応はアメリカ人を驚かせたのだった。

七月一日に予定どおり排日条項を含んだ新移民法が施行されると、その日を「国辱紀念日」として、芝増上寺や赤坂山王台をはじめとして、各地で反米集会が開かれている。炎天下、増上寺には開会前から一万人が詰めかけ、巨大な本堂は土間から座敷にかけていっぱいで、屋外にも人があふれていたし、山王台にも二五〇〇人以上が詰めかけた。会場では「この屈辱を忘れるな」と反米演説がなされ、それに対して聴衆は「白熱的拍手」で応えたという。同日、東京市中では大会に呼応して、「ああ、人道を無視して平和を紊す暴米よ」などと書かれたビラが大量にまかれてもいる。関東大震災で被害を受けた赤坂のアメリカ大使館跡地に忍び込み、そこに掲揚してあった星条旗を奪い取る者さえ現れたが、そのような行為も日本人からは概して好意的に受け取られた。

このような排日移民法成立の衝撃から、米英に足並みを揃えるそれまでの日本の外交政策を疑問視し、アジアへと目を向ける者もみられた。右翼系の団体による極東連盟協会や、一部の帝国議会議員や実業家たちが立ち上げた全亜細亜協会などである。極東連盟協会は、日中印からの移民を禁止したことによって世界平和を乱しているとアメリカを非難した。全亜細亜協会は、アメリカの人種差別的動きに対抗するのが目的で、「欧米諸国の暗躍を監視し亜細亜の平和を永久に確保し一朝事あるに際してはアジア洲は打って一丸となり白人の極東侵入に対抗でき得るだけのものを作る」べしとされた。移民法の成立が、日本がアジアへと目を向ける大きな契機となったのである。

このアジア主義の盛り上がりと反米のムードを肌で感じていたのが、駐日アメリカ人外交官であった。関西生まれで日本語を巧みに話す親日外交官のユージン・ドゥーマンは、移民法によって「日本人は骨の髄まで傷ついた」と後にこのころのことを回顧している。ジェファソン・キャフリー代理大使も同様のことを感じていた。以前は、アメリカに対する好感情から、外務省ではアメリカ人外交官には進んで便宜供与が行われていたのが、移民法通過後は、アメリカ人に対する応対において悪感情が感じられるようになったというのである。

日米両国政府は、この問題がこれ以上波及することを望まなかった。アメリカ政府、とくに国務省としては元々移民法に反対している。二〇〇人弱の日本からの移民を禁じることと引き換えに、日本人の対米感情をこれほどまでに悪化させることは割に合わないと国務省は考えていた。しかし、自国の立法府の判断に口をさしはさむことはできないという難しい立場にあった。日本国政府としても、アメリカ政府が介入しない立場をとる以上、静観するしかなかった。幣原喜重郎外相が「此種の問題は此方で余り騒がぬ方が却てよい結果を得ると思ふ」と述べたのが典型的である。

孫文の大アジア主義

排日移民法の成立によって、日本国内ではアジア主義が盛り上がりを見せていたが、それに呼応するかのように孫文が来日し、日中友好を説いた。

長崎に上陸した孫文は、欧米の「ドーズ案的」援助に反対する一方で、「単に言葉で友好を語るのでは十分ではなく［……］日本と中国は、極東の平和の確立のために真の友好を育み、協力しなければならない」と日中友好を熱く語った。中国人の有力者の多くがこの時期の日本のアジア主義に対して冷笑的な中、他ならぬ孫文が、アメリカの援助を拒絶し対中友好を日本に求める発言をしたことを、『ニューヨーク・タイムズ』は半ば驚きをもって報じた。孫文の本意は明らかではないが、排日移民法が日本の対米世論を極限まで悪化させた直後だけに、アジア主義の展開を危惧していた関係者は懸念を新たにしたに違いない。

その後、孫文は神戸で大人数の聴衆に向かって、のちに有名になる大アジア主義の講演を行った。この講演は、西洋の覇道と東洋の王道を区別し、日本が覇道に流れることにくぎを刺すものであったが、解釈を幾とおりも許すものでもあった。地元神戸の邦字紙は日中連携の重要性を説くものと解釈したが、英字紙は日本人に気を遣って日本に友好的に語っただけと考えるなど、見方が分かれた。

このように内容がつかみにくかったためもあって、この演説は当時においてはそれほど注目を浴びることはなかったが、一九三〇年代後半になって、汪精衛が親日路線を選ぶに及んで、あらためて注目を浴びるようになる。

汎アジア主義への高まる危機感

排日移民法によって生じたアジアにおける反米感情と日本主導のアジア主義の高まりを目の当たりにしたアメリカ人極東問題専門家の中には、危機感を抱いた者が少なくなかった。極東の国際関係の専門家であるクラーク大学のジョージ・ブレイクスリーは、排日移民法がアメリカのアジア人差別を改めて認識させたため、「相当な汎アジア感情が、［日中両国や］アジアの他の地域の両方でいくつかの集団において近年発展してきており、そして、この感情は、［アジア人に差別的な移民法を制定することで］共通の人種的侮蔑と見なされているという意識によって強化」されてきており、それによって日中同盟が実現するかもしれないと書いている。本書でたびたび発言を紹介してきたトマス・ミラードは、日本が後押しするアジア主義には強い影響力があり、日本は、白人の支配を除去し、自らが覇権を握るために、排日移民法の制定やパリ講和会議での人種差別条項撤廃否決を意識的に利用しているとその危険性を強調した。アメリカ人宣教師の家庭に生まれ、生後すぐからアメリカでの大学入学までを中国で過ごし、大学卒業後すぐにまた中国に戻っていた作家パール・バックも、移民法を契機としてアジア人が対白人で連携する危険性を指摘した。彼女は、もしアメリカ人がアジア人に対して人種偏見をあらわしつづけるならば、日本人とインド人が、「最終的に白人に対して行われる最終闘争」に加わるように中国人に対して促すことになりかねないと書くのだった。

エリオット駐日英国大使は、排日移民法によって日本人は深く傷ついたものの、それでアメリカに何かしようなどとは考えてはいないだろうと楽観的であった。しかし、それほど楽観的ではいられなかった人々の方が多かった。

日露戦争における日本の緒戦での勝利の報に接し、「白人に対する非白人の勝利」という「我々の人生でもっとも重要な歴史的出来事」と語ったオックスフォードの歴史家ジマーンは、一九二五年一月にニューヨークのコロンビア大学での講演で、日露戦争から二〇年たっても、その発言を保持したいと述べている。

ポール・クローデル駐日仏国大使も、同様に悲観的であった。白人勢力と非白人勢力という視角から見て、移民法が施行された七月一日が、日本が西洋列強を離れて、アジア諸国に加わる歴史上の大きな分岐点になるかもしれないと日記に記した。パリでは、元植民地相のアルベール・サローが、黄禍は日露戦争で日本が勝利した時に生じたと論じ、黄色人が白人と衝突する危険性について警告している。

カナダの『モントリオール・スター』紙は、「アジアのトラを煽る」と題する社説で、日中印だけで世界の人口の半分を占めるのに、トルコやエジプトも勃興してきている現在、アメリカが、アジアの虎の目を移民法による人種差別という「とがった棒で突くには著しく間が悪い」と書いた。

加藤高明首相らによる火消し

アジア主義が高まる中、ワシントン条約に調印し米英主導の国際秩序の中で生きていくことを選んだ日本政府としては、欧米で黄禍論が再燃することは望ましくなかった。

加藤高明首相は、シカゴの著名なジャーナリストからのインタビューにおいて、「アジアブロック」

は、「実体のないことば」であり、「希薄な靄」のようなものであると「アジア連合」の存在を強く否定した。さらに加藤は、日本の「心理は、その火山列島のように、アジア本土とは離れて存在する」し、そもそも日本人は、「アメリカ人やイギリス人と異なるように、中国人とも異なる」と述べて、欧米が懸念するアジア同士による日中同盟などないとなんとか納得させようとしている。

また、松井慶四郎駐英大使は米英の有力紙に寄稿し、日本人は人種平等原則のためにパリで戦いはしたが、「アジア諸国民の連合」という考えには共感しておらず、「東洋と西洋との根深い敵対心を復活させるいかなるものをも唾棄する」と述べた。この記事は、米英の多くの有力紙に、「日本はアジアブロックに反対。西洋に未来を見る」などの見出しと共に掲載されている。

日本政府がこれほどまでに熱心に、排日移民法をきっかけとしてアジア連合を形成する意図はないと火消しに追われたのも、それほどまでに米英が懸念していたことの表れである。そして、日本政府としては、欧米における黄禍論を強め、三国干渉のような複数の欧米列強が組んでの日本包囲網が構築されることを恐れたのであった。

汎アジア主義の国際大会

排日移民法の成立によって高まった反米ムードの盛り上がりの中、日本国内では多くの反米的アジア主義団体が設立されたが、時間がたつにつれその活動は散発的になっていった。だがそれでも、移民法施行直後に東京において結成された全亜細亜協会は、中国の関係者とも連絡を取りつつアジア主義的活動を継続していた。そして、一九二六年八月に長崎で全亜細亜民族会議という国際会議を開催することを決定する。

明らかに反西洋の色彩を帯びたアジア主義団体による国際会議開催の企画に、米系メディアは不吉なものを感じ取った。たとえば、東京で発行されていた米系英字紙『ジャパン・アドバイザー』は、「脅威、あるいは天恩」と題する論説を掲載したが、その内容から「脅威」の方に重きが置かれているのは明らかであった。その論説は、「汎……」という言葉は、「汎米」も「汎欧」も不吉な含意を帯びていないのに、「汎アジア」だけが「不気味」に響くと、早くも一九二六年初頭という早い時期に全亜細亜民族会議を危険視している。同紙は、日本政府の指導者たちが、いかに西洋との敵対を避けようと考えていたとしても、日本の大衆は、西洋を敵と考えるかもしれないと示唆した。

二月になると、この全亜細亜民族会議の中身について『シカゴ・トリビューン』などのアメリカの有力紙が報じはじめる。「東洋の苦悩が八月に日本で熟考されるだろう」との小見出しを添えられた東京特派員電は、この大会が、日本、中国、タイ、アフガニスタン、イラン、トルコ、インド、フィリピンから一五〇人の代表の出席のもと長崎で開催されると伝えた。

首都ワシントンの有力夕刊紙『イブニング・スター』の論説委員フレデリック・ワイルは、反西洋の色彩を帯びたこの大会の根源を排日移民法に求めている。『イブニング・スター』紙をはじめいくつかの新聞に掲載されたワイルの論説は、この大会が「影響力のあるアジアの指導者を真に連合させるもの」であるのか、狂信的日本人による「日本製」の試みかは、事情通のアメリカ人にもいまだわかりかねるとするものの、差別的な移民法を制定したアメリカに対する怒りが根源にある以上、影響が遠くまで及ぶ可能性を持っていると考えざるを得ないとする。そして、主要な東洋八ヵ国から代表の出席が予定されているものの、日中二ヵ国が会議を支配するだろうと予測した。

ボストンの『クリスチャン・サイエンス・モニター』も、この会議がアメリカの移民法成立の直接の結果として誕生した団体によるもの、すなわちアメリカの人種差別の直接の結果である点に着目する。そして、「西洋に対する怒り」という小見出しのもと、「汎アジア」と聞かされたときの欧米人の精神的反応の一つが「恐怖と不吉」のそれであり、その説明として、欧米人は「汎アジア」という言葉の陰に、「西洋に敵対して隊列を組んだひとつの大陸」を見るからであるとして、この会議もそのように考えるべきかと問う。その上で、「不幸なことに反西洋の問題が、ボスポラスからカムチャツカまでのアジア全体にアピールするのに一番容易な」ものであり、日本政府が公的にこの会議を後押しすることはないだろうが、「非公式には国を挙げて支持している」と指摘して、日本政府の中にアジア主義を後押しする心性があることを指摘するのだった。

全亜細亜民族会議の開催が近づくと、それに関する報道が増えていく。マクヴェー駐日米国大使が、「アジア民族連盟の結成、アジア文化の再興、東洋諸国間の意思伝達の改善」などに向けて、アジア諸国民のより緊密な関係の促進を目的に、長崎で件の国際大会が開催されると国務長官宛に報告したのは七月初旬であった。実際に会議に特派員を派遣した数少ない有力紙の一つ、ペンシルバニア州の『フィラデルフィア・レジャー』は、大会に反欧米のトーンを見て取り、「日本人が反西洋の汎アジア連合を計画」と題して、人種を重視する日本人は、アジアの人々に反西洋の協調行動を呼びかけていると警告した。

だが一方で、アジア諸国が集まる会議にまとまりがないのを鋭く見て取るものもあった。『ニューヨーク・タイムズ』紙は、ヴィルヘルム二世ならこの会議を自ら唱えた黄禍論の証拠とするだろうが、汎アジアが実現する可能性は汎欧州よりも小さく、冷静に見て日本の国益はアジアの隣国ではなく欧米と共にあると書いている。『ニューヨーク・イブニング・ポスト』は、欧米列強と並んでアジアの隣国を抑圧する日本にアジアに居場所はないと喝破した。ボストンの夕刊紙『ボストン・イブニング・トランスクリプト』も、「アジアの反抗」をかっこに入れた見出しで、同様の論調の社説を掲載している。それによれば、確かに日本人による前宣伝では、白人はお呼びでない会議であり、白人の圧政に対する黄色人の反撃を意味していると言っているが、中国人に言わせれば日本人が一番の加害者であり、そんな加害者の日本人が指導してアジア人が統合するなど実在しない想像上の生き物「キメラ」であると鋭く指摘した。

アメリカの反応

予定どおり八月一日に長崎で大会は開催された。もともとの会の設立趣意書や資料には、床次竹二郎などの有力代議士や近衛文麿、後藤新平、頭山満などの著名人が名を連ねていたが、実際の大会に赴いたのは、今里準太郎など実際に会の運営を担っていた比較的無名な人々であった。

大会の中身はというと、一部のメディアが予想したとおり、開始直後から日中の代表間で争いが起きている。中国代表が日本代表に対して、二十一カ条要求の撤廃なしには、大会の進行を認めないと宣言したのである。インド代表が間に割って入り、とりなすことでなんとか大会が決裂することは避けられたが、アジアが一つにまとまることの難しさを見せつけたのであった。ただ、中国代表の中には、日中が相争えば、欧米列強の思うつぼであり、まさにこの争い自体が、欧米による日中離間の試みであると述べる者も見られた。

会議に対する米メディアには、この大会を重要性の低い会議であるとみなすものもあったが、その反西洋的側面に注目して危険視するものが多かった。

『ニューヨーク・タイムズ』は、各国の代表が皆西洋に対する不満を述べている点に注目し、この会議の開催自体が、東洋で反西洋主義が広がっていることを示しているとした。立場の異なる各国代表を一つの会議に結びつけているのがまさに反西洋主義であるというのである。

『ボルチモア・サン』紙は、ジャーナリスト河上清の、いまやアジアが纏まろうという動きが現れつつあり、その代表的動きが本会議であるとする論説を掲載した。それは、アジア人同士の意見の相違ではなく、その人種的統一に向けての感情の表出と、調和と協調の感情がアジア人の間に育ちつつあると説いていた。

『ホノルル・スター・ブレティン』紙も、この「十余のアジア人種の人々がアジア諸国の共同行動のための連盟について公然と議論するために集まる」会議の重要性を強調する。その上で、この会議こそ「黄色人種と褐色人種による連合し共同的な特徴的動きである」ので、「世界の白人指導者たちは日本の長崎での汎アジア会議に注意を払うべきである」と強調した。

アメリカ人が、アジア人による反白人の動きに無関心でいられなかったのは、自国内に大きな人種問題を抱えていたからでもあった。

ニューヨークの黒人向け週刊新聞『ニグロ・ワールド』は、国内で黒人を抑圧している人種差別的アメリカ白人は、太平洋の対岸に、これまでにされたことの仕返しをしようと自分たちに向かってくる力を、覚醒したアジアの中に見るだろうと不吉な予測をした。その上で、プライドが高いアジア人は、自らが劣った存在と見られることに我慢できず、一方、白人たちは自らの「驕慢さ」のために有色人種を劣った存在として扱ってしまうため、怒れる九億人に対峙せざるをえなくなると論じた。

不安視する米英外交当局

日本国内の米英人は、この会議を危険視していた。『ジャパン・タイムズ・アンド・メール』は、その会議は実力のない東洋人による空しい試みかもしれないし、「冗談のように見える」かもしれないが、「世界の有色人種が、肌の白い人々に敵対するために隊列を組む力強い運動が初めて結晶化したものとなるかもしれない」と重要視している。『ジャパン・クロニクル・ウィークリー』は、この長崎の会議の本質は反西洋主義にあると見なし、「そこから何が生まれるかはいまだ神のみぞ知る」と不安気に結んだ。

日本のアメリカ大使館やイギリス大使館は、この長崎での会議をどうとらえていたのだろうか。さほど名の知られていない国会議員と民間人による会議であったにも拘わらず、どちらもその動きを注視せざるを得なかったようだ。

駐日米国大使館のマクヴェィー米国大使は、この会議がさして大きな成果を残せないだろうと安堵しつつも、アジア人が集まって欧米への敵意を表すのに成功した点を見過ごせないとした。ティリー駐日英国大使は、大アジア主義についてはなんら具体的成果を残せなかったとして胸をなでおろした。

また、会議に参加を試みたインド独立活動家のマヘーンドラ・プラタープの日本入国を、同盟国イギリスの意図を汲んで日本政府が拒否したのをみて、人種よりも列強同士のつながりが優先したとして安堵している。

中国の反発

中国の刊行物は、これをもって、中国人が日本のアジア主義に好意的で反西洋であるとみなされてはかなわないとばかりに、この会議は日本の帝国主義者によるアジア支配の道具であると強調している。

『広州民国日報』は、この会議には中国を侵略しようという日本帝国主義の馬脚が見え隠れしていると書いたし、上海の『商報』も同様に、日本のアジア主義諸団体は、日本帝国主義のアジア支配の道具であると主張した。中国における中国寄りの立場から英字メディアも、同様の見解を発信した。上海の『チャイナ・ウィークリー・レビュー』は、日本人が主催した長崎の大アジア主義の会議に中国人は賛同しているわけではないので、欧米人は、日本主導の「東洋人種の連合」に何ら恐れる必要はないと書き、『チャイナ・プレス』も、アジア内部は分裂しており、「『黄禍』の見通しは、乱れた頭脳の産物として安全に捨て去ることができよう」と結論づけて、欧米の不安を和らげようとした。

これらのとおり、反西洋主義のために中国人が日本人と協力しようとしてはいないという主張、すなわち日本人主導の大アジア主義に中国人は乗り気ではないという中国の主張が、さまざまに発信されていたのである。

結局、一九二六年八月の全亜細亜民族会議は、開会当初の中国代表による日本批判の後は、会全体として西洋批判に終始した。最終日には亜細亜連盟を組織することが決まり、理事七名の構成は、日本人、中国人、インド人がそれぞれ二名、それに加えてフィリピン人一名と決まり、次回は北京で大会を開催することを決議した。今後の会の活動としては、アジア大陸貫通鉄道の建設、汎亜細亜大学の創設、汎亜細亜銀行の設立など、とても実現できそうにない会の実力には不釣り合いな大きな目標が掲げられていた。

上海での大会

一九二七年一一月、当初の北京開催の予定を上海に変更して第二回全亜細亜民族会議が開催された。会議は前回同様日中代表の対立で紛糾した。中国代表は、中国大陸から日本軍が撤退しない限り、日本を汎アジアの一員とは認めないと述べ、一方、日本代表は、日本軍の撤退を議論するには適切な時期ではなく、また、会議の目的はアジアの外に対してアジアのまとまりを話し合うものであって、アジア内のことについて議論することではないと取り付く島もなかったのである。これを観察した米国の上海総領事は、そのような反論が通じると考えているなら日本代表は「ナイーブ」というほかなく、「汎アジア会議」という「ご立派な」大義のもとに集った少人数の集まりは、「完全な茶番に過ぎない」と喝破した。アメリカ南部の地方紙『ビロクシ・デイリー・ヘラルド』は、汎アジアの「汎」にかけて、こんなのは「フライパン会議」だと馬鹿にした。

一方で、このような小さい会議が将来大きくなる可能性を警戒するものもあった。『ノースチャイナ・ヘラルド』は、この第二回全亜細亜民族会議を「三〇人の重要でない人物による南島のある庭園での集まりは、個人宅での一流のポーカーほどのニュースでしかない」としつつも、現時点では「あらがう幼児」と見なされているが、「大抵の孤児がそうであるように、生まれたときはいかに弱々しく見えても、政治的に力を持った重んじられる巨人となることが知られている」と危険視した。

中国での三〇年以上の布教経験のあるアメリカ人宣教師の一人は、米国内でのある講演において、近年複数回にわたってアジアで開催されている汎アジア会議を「有色人種が白人の支配の下もだえ苦しんでいる」ためであると語った。『マンチェスター・ガーディアン』紙は、「大したものなのかそうでないのか、アジアにおける白人の活動に対するもう一つの抗議に過ぎないのか、西洋に対してアジアの人種を最終的に糾合する運動のはじまりなのか不明である」と、この第二回全亜細亜民族会議が平穏に終了したことを報じた。

表面上の鎮静化

排日移民法制定から時間が経つに連れ、日本を中心とするアジア主義の盛り上がりは鎮静化し、一九二八年にアフガニスタンで開催が予定されていた第三回全亜細亜民族会議は実際には開かれなかった。これ以降、一九三〇年代初頭にかけては、日本人が主導する汎アジア主義的な動きもあまり見られず、また日本と米英との関係が安定していたこともあり、米英側でも黄禍論的な恐怖も比較的語られない時期である。これまで繰り返し黄禍論の危険性を指摘してきた『クリスチャン・サイエンス・モニター』紙ですら、「『黄禍』は消えつつある」と題する論説を掲載して、一〇年前には現実のものと感じられた日米戦争の危機がいまや消え去ったとして、「一〇年前と今と何たる違い」と書いた。そして、かつての「黄禍」は「イエロージャーナリズム」の産物だと結んでいる。

一方、日本国内では、一九二四年の排日移民法によって呼び覚まされた、不平等条約問題以来日本人の心から離れることはなかった人種差別に関する押さえつけられた不満が、表面に現れなくとも存在し続けていた。たとえば、外務省の非公式的広報誌である『外交時報』は、毎年七月一日の排日移民法施行日にあわせて、移民法に対する不満がまだ日本人の間から消え去っていないことを示す論説を掲載し続けている。また、陸軍の有力者宇垣一成も、この頃の日記に「北米や濠洲が有色人の移住を排斥して白人国確保を国民生活の根本原理と成さんとの考を固執する限りは、将来世界に於て荒き風波の起るのは免かれ難き趨勢なりと認めらる」と書いている。そして、その欄外には「自国は門戸を閉鎖し置きながら東亜にのみ門戸開放を云々するは不合理千万なり」と記しており、人種的差別が忘れ去られたわけではなかった。

排日移民法制定をきっかけに設立された全亜細亜協会による長崎と上海での全亜細亜民族会議とは何だったのだろうか。比較的無名の帝国議会議員が中心となって、アジア諸国のこれまた比較的無名の人士が呼応して設立された組織で、日本政府の援助は得られないどころか、内務省の監視対象となっていた。目標は大きく掲げたものの、とてもそのような目標を実現するような力は持たないかなり貧弱な組織であることは誰の目にも明らかだった。

ところが、米英のメディアや駐日大使館は、その反欧米的性格に注目し、実力以上の恐怖感を感じていたようである。それは彼らの黄禍論的思考が逆照射したものであったのだろう。ただ、そのような不安感は安定した国際関係もあって徐々に取り除かれていく。この時期、もはや移民法制定直後のような反米デモのようなものは見られず、表面には日米関係は友好的に見えた。しかし、日本人の心の中ではわだかまりがとけたわけではなく、人種問題はデリケートな問題であり続けていた。中止となった第三回全亜細亜民族会議が開催されるのは、満洲事変以降、国レベルでのアジア主義的動きが大きくなり出してからである。

第3章
汎アジア主義の興隆と破綻

一九三〇年、日本は米英主導のロンドン海軍軍縮条約に調印した。また、日米対立の大きなきっかけの一つであった排日移民法についても、移民法を日本人の面子を守る形で修正しようという排日移民法修正運動がアメリカ民間人の間に起こっており、日米関係は安定しているかのように見えた[11]。そして、ついには一九三一年九月一七日に、ワシントンでスティムソン国務長官が出渕勝次駐米大使に、移民法修正への楽観的見通しを語るにまでなっていた。

田中上奏文と満洲事変

ところが翌一八日、満洲事変が勃発する。すると、黄禍論を恐れていた米英人は、来るべきものが来たと感じた。彼らがまず想起したのは田中上奏文であった。

田中上奏文とは、日本の世界征服計画が記された怪文書で、昭和初期に田中義一首相が天皇に宛てた上奏文の形をとっていた。当時すでに他界していた山県有朋が協議に加わっていたり、上奏文が内大臣でなく宮内大臣を通じて奉呈されているとするなど内容的に明らかに偽書であった。しかし、その征服計画において、世界征服にはまず中国を支配すべきであり、中国を支配するにはまず満蒙を征服しなければならないとの記述があったため、満洲事変の勃発とともに想起されたのである。

日本側が強く偽書であると否定していたため、欧米人の多くはこの文書を信憑性あるものととらえていなかった。しかし、そこに記されたとおりに日本の世界征服プランが実行に移されているように見える事態が現出したのであった。『ニューヨーク・タイムズ』は、「狂った軍国主義者の夢想」としか見なされてこなかった田中上奏文は、いまや現実に姿を現し、「中国侵略はその第一歩である」との中国政府関係者の発言を報じた。[12]

一方で、アメリカ政府の満洲事変への対応は当初は微温的であった。当初、現地からの情報が少ない中、スティムソン国務長官は、一部の兵による反乱であるとみなしていたし、東京に駐在していたキャメロン・フォーブズ駐日大使などは、偶発的事件ですぐに収まるという日本外務省の説明を信じて、事変勃発二日後に、休暇のためアメリカへ向けて出港している。時の共和党政権は、東アジアに対しては、日本とのビジネス関係を維持しつつ、中国ともその領土保全を前提として友好関係を維持するという、漠然とした政策に終始していた。フーバー大統領は介入に消極的であったため、結局国務省としては、長官名で不承認主義のスティムソン・ドクトリンを送付するに留まった。

当時、南京に住んでいたパール・バックは、仕事を手伝ってくれていた中国人から、「日本が満洲をとったということが何を意味するのかを米英人が理解しないということがどうして可能なのでしょうか。二回目の世界戦争になりますよ」と言われたことを記録している。日本の満洲獲得は、これまでの西洋によるアジア抑圧に対して反抗する狼煙を日本があげたのであって、アメリカとの最終戦争を優位に進めるためのものであると、当時の中国人や中国在住の外国人は直感したのである。

一九二〇年代の日本のアジア主義は無名の国会議員や民間人が主導してのものであったが、満洲事変以降は政府内部の人間も含めた有力者によって繰り広げられていくことになる。それは、日露戦争以降の黄禍論を否定しようという日本政府の姿勢から大きく転換するものであった。それまでは西洋列強が人種的に国際関係を捉え、合同して日本に対抗するのを避けるため、日本政府は、アジア主義的野心など日本は持っていないと示すことに腐心してきた。それが、自らアジア主義を率先して露にするようになっていくのである。

大亜細亜協会創立

アジア主義の盛り上がりの中、新たなアジア主義団体が一九三三年三月に東京で設立された。大亜細亜協会である。前年一二月二二日には、近衛文麿も参加して、創立準備懇談会が開催されたが、陸軍の松井石根や鈴木貞一、外務省の広田弘毅、海軍の末次信正、東京帝国大学の村川堅固や平泉澄など各界の有力者が顔をそろえた。これは一九二〇年代の全亜細亜協会が、関係者欄に近衛をはじめとして有力者の名前を列記しつつも、実際の大会にはそれらの有力者は誰も参加しなかったのと、大きく様相を異にしていた。[13]

アジア在住の欧米列強関係者は、新しいアジア主義の団体設立に向けた動きに注目した。一九三三年一月に設立に向けた委員会が開催されると、神戸の英字紙『ジャパン・クロニクル』は、「アジア連盟。著名な日本人後援者がジュネーブのライバルを支援。人種ごとのグループ分け」と題して、このアジア主義的集会を、アジア人が国際連盟に対抗するために作ろうとしていると見なした。すなわち、連盟から脱退して、巨大なアジア連盟を形成するという考えが日本で影響力を持ちつつあるというのである。

駐日英国大使館も同様に、このアジア主義の盛り上がりを重要視せず、軽蔑的にとらえた。ロンドンの英外務省宛の報告書には、アジアの人々がヨーロッパの抑圧者に対抗するために、日本人に指導されることを望んでいると信じる日本人の何たるナイーブなことよ、と嘲り交じりで記されていた。

そして、中国に侵略して中国人に憎まれている現在、新たなアジア主義の団体を設立しようなどとは、そのような驚くべきナイーブさなくしてはできないだろうと書いている。

駐日米国大使のジョセフ・グルーも、亜細亜連盟を作ろうという動きを国際連盟に取って代わろうとするものと考えた。しかし、前途には大いなる困難が立ちはだかるだろうとする。その理由としてグルーは、日本はアジアに位置してはいるものの、どの国よりも西洋化しており、東洋の人々から恐れられているということを挙げた。一方、アジアと手を取り合うアジア主義ではなく、他のアジア人を力でもって征服し従わせるという形での「アジア・モンロー主義」は、見込みがあるのではないかと懸念した。

この動きを日本占領下の満洲で直接観察していた奉天米国領事も注目した。そして、国際連盟での日本の立場が悪くなるにつれて、満洲でもアジア主義の盛り上がりが見られると書いている。ただ、日本人が考えるように、日中の紛争が、日満中の連携によって解決できるとは思えないが、もしかすると、日本の「アジア人のためのアジア」という旗印は、欧米人の極東での活動が今後は日本の許可なしにはできなくなると欧米列強に思わせるための策かもしれないと憂慮した。

フランスの『ラ・レピュブリック』紙は、日米関係の将来について悲観的であった。アメリカ人にとって日本人は、開国させた当時は「黄色い小さいサル」にすぎなかったのが、いまや日本人は近代的軍国化に成功し、台湾と朝鮮半島を植民地化し、強国ロシアに打撃を与えるまでに成長した。太平洋全体で戦いはすでにはじまっているというのである。フランスの駐哈爾浜《ハルビン》領事は、満洲国外相が、満洲国を過小評価する国際連盟の姿勢を批判したうえで、アジア・ブロック形成の構想を打ち出した点に注目し、中国人の中にも同調者がいると憂慮した。

日本がアジア主義の高まりを見せる中、中国では別の懸念が抱かれていた。人種的親和性の高さから、中国は日本のアジア主義に同調するに違いないと欧米人が考えて、中国を日本の影響力から救い出そうとする努力をやめてしまうのではないかと恐れたのである。そのような中国人にできたのは、自分たちの考えを代弁してくれる日本に批判的な刊行物に、日本のアジア主義を批判する論説を寄稿することであった。

『チャイナ・ウィークリー・レビュー』誌は、「日本人が大陸政策を夢見る限り、人種的、文化的繋がりが二つの国民を結びつけることはない。結局のところ、血は必ずしも水よりも濃いとは言えない」と日本の汎アジア主義を痛烈に批判した。日中合同を目論む日本のアジア主義者からすれば、「血は水よりも濃い」と考え、欧米が中国から手を引くのが望ましかったので、このような記述は目障りだった。

二〇世紀初頭から第二次世界大戦中にかけて、日本と米英の間で、中国はこの言葉をめぐって揺れ動いていく。『大公報』も、日本のアジア主義は、中国にとって有益なものではなく、日本がただ中国国内の混乱に付け込んだものであると論じる論説を掲載した。これらの動きをつぶさに見れば、日本主導のアジア主義に中国人の多くが同調していないのが理解できた。ただ、日本に同調する動きが中国国内でまったく見られなかったわけではなく、米英政府関係者は一抹の不安が頭をよぎったことも事実である。

ジョンソン公使報告と「不吉な動き」

出先の担当者たちの多くがこの時期のアジア主義の盛り上がりに懸念を表明し続けた一方で、欧米の極東問題専門家の中には、日中連携の可能性について否定的な見解も多くみられる。

米国務省きっての中国通であるネルソン・ジョンソン駐華公使も、日中提携によるアジア連盟の実現に否定的であった。日中提携を懸念する新任のイギリスアジア艦隊司令長官フレデリック・ドライヤー提督との会話の中で、公使は自分が日中提携の可能性に否定的な理由として、日本人と中国人の互いに対する軽蔑心を挙げた。ジョンソン公使によれば、中国人は日本人を成り上がり者として軽蔑している一方で、日本人は中国人のことを、自らの国を統治することもできず、外国の侵略に十分な抵抗をすることもできない民族として軽蔑している。また、移民先で中国人と朝鮮半島出身者同士は結婚するものの、日本人が中国人と結婚することはまれであるとの例を挙げて、日本人と中国人の間には、生理的嫌悪感が存在するとした。それらの理由から、ジョンソン公使は日中連携によるアジア連合が成功しないだろうと結論づけた。

ロンドンでは『タイムズ』紙が、日本人は汎アジア主義のビジョンを失うことはなく、軍事力に優れる日本と、膨大な人口を抱える中国との連携が、「西洋の優越と戦ううえで理想的組み合わせ」であろうとしつつも、中国人の反日感情がその実現を阻むだろうと書いていた。

ただ、日中連携の成功の可能性については否定的なジョンソン公使も、アジア主義を掲げての日本のアジア進出の可能性については懸念していた。この時期彼がまとめた「アジア大陸における日本の活動。太平洋地域におけるアメリカの権益に対する考え得る影響」と題する機密扱いの報告書は、日本のアジア進出の決意の強さを強調し、その裏付けとして、ジャーナリストの頭本元貞があるアメリカ人に対して語った内容を挙げている。頭本によれば、不況下にあって、イギリスは大英帝国をブロック化してしのぎ、アメリカはそれ自体が巨大なブロックであるが、そのようなブロックを持たない日本が生き残るにはアジア・ブロックを形成するしかないというのであった。

このジョンソン公使の報告書は、国務省本省に送付され、省内で、「極めて考え抜かれた議論」などと評価され、大統領にまで提出されている。東京のフランス大使館も日本のアジア主義に対して同様の見方をしていた。同大使館の参事官は、人種に注目した報告書を書いている。それによれば、近代的軍事力を備えることで、日本がアジアで黄色人種が自由に活動できるような領域を広げ、満洲国と中国を従えたアジア諸国ブロックで指導的地位を占めることになるとした。

ジョンソン公使や先の『タイムズ』紙の記事などが、日中連携の可能性は低いと断じたのに対し、他のメディアの中には、日中連携に向かう「不吉な動き」を強調するものもあった。『ニューヨーク・タイムズ』紙は、アジアの人のためのアジアというスローガンが、最近では日中共通の敵は西洋列強であり、日本人こそが「アジア人の守護者」であると宣伝するために使われていると報じた。そして、今日ではそのような宣伝がインドにまで及んでいると警告している。

ただ、米政府関係者にとって、大亜細亜協会設立に見られたアジア主義の盛り上がりに対して、米英の危機感は切実なものではなかった。おそらく一九二〇年代と同種のものとみなしたのではないだろうか。しかし、そこには、有力者が名前を連ねていたものの、大会にはまったく出席しないというのと、多くの有力者が実際に出席していたという大きな違いが見られたのである。

大連での全亜細亜民族会議

満洲事変以降に見られた日本におけるアジア主義の盛り上がりを受けて、一九二七年の上海での第二回大会以降は活動が見られなかった全亜細亜協会がふたたび動き出すこととなる。第三回大会が一九三四年二月に大連で開かれることが明らかとなると、まずもって注目を集めたのは、イギリスのインド統治に反対するプラタープがこの大会に参加するとの噂であった。

実際、プラタープは二月六日に現地入りし、その上会場となるホテルには参加各国の旗にならんでインド国民会議派の旗が翻っていたのである。一九二六年の第一回長崎大会当時、参加を希望して来日した彼が、対英関係を重視する日本政府によって入国を拒否されたことを想起すると、満洲国への入国がすんなり認められたのは、大きな変化と言える。大連への道中、全亜細亜協会結成当初からの中心人物である今里準太郎は、「連盟脱退になって日本に国際的変化があり、又加速度的に絶望的な政治的危機の底に沈みつゝある欧米の現状」のために今回は前回とはまったく状況が異なり、好機であると語った。

大会は、予定どおり二月一一日にヤマトホテルにおいてはじまった。日本の重要人物のメッセージが代読されたが、実際に会場入りしたのは、今里準太郎、プラタープ、ほかアジア各国から四〇名ほどであった。名簿に名を連ねた重要人物が欠席である点は以前と変わりなかったが、今回は満洲国政府、満鉄、関東軍などの重要な公的立場にある人々が実際に参加していたことが以前と大きく異なっていた。その日の夕刻開催された歓迎会では、満鉄副総裁が歓迎した。

米英駐大連領事たちは、大会の模様を東京の大使に報告している。イギリス領事は、インド独立運動にかかわる人物の参加に注目した。報告書で紙幅が割かれたのは、大会を主導しているであろう日本人がインド独立派と友好的関係を取り結んでいる一方で、自国の植民地である朝鮮半島関係者は排除していた点についてであった。イギリス領事は、日本もイギリスと同じ植民地を統治する立場の国であるから、イギリスと利害や行動を共にすべきであると感じていた。

駐大連米国領事は、大会が、大連で行われているのに日本語が使用されていることや参加者の過半数が日本人であることなどから、「東洋における現在の日本の考えと政策を支持する目的で創設されたと考えてよいだろう」とみなした。現地からの報告を受けて、東京のグルー大使は、第二回大会以降何年も大会が開催されなかったにも拘わらず、いきなり第三回大会が開催されたのは、満洲事変によって日本におけるアジア主義的な動きが再燃しつつあることを反映するもので、アジア主義の危険な盛り上がりを示す一例であると考えた。また、これらの活動を通じて日本人は、中国人にアジア主義に加わるように説得していると考え、もしかすると将来的に、「東洋のすべての国々で相当な影響力をのちに持つようになるかもしれない」と結論している。米国の駐日武官も、この大会は一九二六年の長崎での第一回大会に比べてうまくいっており、最近の出来事から日本のアジア主義が勢いを得ているので、欧米にとって相当な関心事の一つとなるかもしれないと報告した。

大連での会議を見て、中国人やインド人が日本のアジア主義に共鳴していると米英人が考えるのを中国人や中国に心を寄せる人々は殊更恐れた。中国の英字紙は、大連での全亜細亜民族会議の大会を批判することで、同会議が中国人はもとよりインド人の支持を受けていないことを何とか世界に示そうとしている。『チャイナ・プレス』紙は、「中国のインド人はプラタープに反対――裏切り者プラタープによって巧みに工作されたインチキ指導部として当地では嘲られている日本製のアジア主義」と題して、大連での大会を痛烈に批判した。そして、日本製のアジア主義は、口当たりは甘いが結果が恐ろしい糖衣錠のようなもので、飲んでしまうととんでもないことになると警告したのだった。

北京政府の高官も、アメリカ政府に対して、同様の訴えを伝え、援助を求めている。唐有壬外交部常務次長は、ジョンソン駐華公使に対して、アジアにおいて覇権を確立するのが日本の目標であり、そのため日本の見ていないところで、中国が欧米列強と関係を取り結ぶのを許さないだろうと伝えた。そのうえで、唐次長は、中国がもっとも求めているのはアメリカの共感であると強調したのである。

天羽声明

第三回全亜細亜民族会議が開催された一九三四年は、日本政府関係者によるアジア主義的で強気な発言が続いていた。外務省の天羽英二情報部長が四月一七日の定例会見において、中国に対する欧米列強の介入は許されないと発言したことがとりわけ注目される。

後に「天羽声明」と呼ばれるこの発言に対して、ジョンソン駐華米国公使はすぐさま看過すべきではないとワシントンに対して進言している。国務省も同意見であったが、事実確認を試みつつ、他の列強といかなる態度を取るべきかについて情報交換を行った。アメリカ政府に対して日本側は、曖昧な回答に終始している。また、グルー駐日大使は、天羽声明は、「中国における他国の活動に対する日本政府の真の政策」が漏れ出たものであるが、あまりに大きな列強の反応は外務省も望んでおらず、観測気球のようなものとして出されたのではないかという見解を本国へ伝えた。

最終的に、広田外相から外務省の一職員による「非公式談話」であるという見解が示され、日本政府は九ヵ国条約を遵守し中国の門戸開放を常に尊重している旨を回答したことで、外交的には沙汰止みとなっている。だが、米主要マスメディアは、天羽声明の中に日本の野心を見出した。

『ニューヨーク・タイムズ』は、声明が外交界に「砲弾」のように轟いたと書いた。『ボルチモア・サン』紙は、この声明の目的は、中国の征服が日本の長年の目的であることを示すことにあるのはほとんど疑う余地がないと論じるほどであった。『ワシントン・ポスト』紙は、『『アジア人のためのアジア』の代弁者である日本が中国を支配するために動く」と題して、天羽は「中国に対するヘゲモニーを主張した時、何も新しいことを言っていない。日露戦争以来、中国と他国との間に立とうというのが一貫して日本の政策なのだ」と論じていた。『スカラスティック』誌は、天羽声明周辺の混乱もすべて「意図的」で、日本がもはや文民によって統治されていないのは明らかと結論した。またUP通信社は、天羽声明を見れば広田の九ヵ国条約遵守の言葉も近い将来撤回されてしまうだろうとイギリスのサイモン外相が考えていることを伝えた。ロンドンの関係筋は「最終対決」が単に先延ばしにされただけと考えたのである。

米領に迫り来る日本

天羽声明から一ヵ月も経たない一九三四年五月初旬、ワシントンの連邦議会では、日本の領土的野心に対する懸念がとり上げられている。そのきっかけとなったのは、『リバティ・マガジン』誌の「日本はアラスカを強奪するか?」という論説である。

アーサー・ロビンソン上院議員の筆になるこの論説は、「偉大なるアジアの同盟がオリエントの諸国民の間で形成されつつ」あり、日本の「無慈悲で情け容赦ない中国征服」のせいで、「東洋における西洋の影響力は実質的に崩壊してしまっている」とする。それ故、アラスカやハワイの防衛強化をはかって西洋の威信の失墜を防がねばならないと警告するものであった。論説冒頭には、アリューシャン列島に向かう鉄兜を目深にかぶって表情を読めない日本兵の巨大な絵が掲載され、その危険性を煽っている。そこで紹介された日本軍が中国で掲示しているとされるポスターには、「アジア人よ目覚めよ! 日本軍は世界で最強だ! 日本は中国とは戦わないが、西洋による中国支配や現在の支配者とは戦う! アジアの同志よ団結せよ! 白人支配を覆せ!」と書かれていると注釈されていた。天羽声明などに見られる日本でのアジア主義の盛り上がりが知られることで、日本がアメリカに対して領土的野心を持っているという主張が連邦政府で議論されるほどの信憑性を持つようになったのである。

日本の領土的野心が懸念されたのは、アラスカやハワイについてだけではなかった。グルー大使はロビンソン議員の論説が発表される前年にはカムチャツカ半島周辺を狙った日本の活動について国務省に電文を送っており、同じころ米国シンガポール領事は、フィリピン諸島のある島の所有権を日本人が狙っているという情報に関する懸念を国務省に伝えている。

そのような懸念を裏付けるかのように、フィリピン総督のフランク・マーフィーは、国務省高官に対して現地における日本人によるプロパガンダ活動の増加を報告している。加えて総督は、「日本の指導と支配の下、アジアの諸国民を一つにまとめようという運動は勢いを得つつあるし、極めて有力になるかもしれない」とその不安を表明した。そのような不安は、フィリピンの独立運動家のベニグノ・ラモスらが、汎アジア主義の日本人から援助を得ることを望んでいるというグルー大使からもたらされた情報によっても裏付けられた。

日中合同への考え方の違い

南京では国民政府関係者が、米国公使館のウィリス・ペック参事官に対して、日本の危険性について重ねて警告していた。ある国民党有力者は、分裂した弱い中国を日本は好むため、軍閥に援助して中国の分裂を進めようとしていることなどを語った。また、中国東部から白人を追放することができるようなブロックを日中で形成するという日本人の発言を信じる中国人も居ると警告し、なんとかペック参事官の関心を惹こうとしていた。

孔祥熙財政部長もペック参事官を訪問して、日本政府が、中国人に白人排斥に協力するようさまざまな圧力をかけているという話をしている。とくに、南次郎関東軍司令官が、中国は欧米や国際連盟に依存しないように説いたことを強調した。別の国民党関係者は、欧米との関係を断ち切るようにという日本の圧力が強まっていると強調している。これらは、アメリカの援助を引き出そうとした側面もあるが、まったく根拠のない話でもなかった。

そのような国民党関係者からの要請にも拘わらず、米国公使館はそれに応えた気配はない。そのいちばんの理由は、極東問題の専門家である公使館の責任者のジョンソン公使が、中国が日本に協力する可能性は小さいと考えていたからであろう。国務長官宛て報告書からジョンソンの考えが見て取れる。他のアジア人に対する日本人の差別意識のため、日本人と他のアジア人が協力することはありえないというのが以前から報告書の中に見られるジョンソンの考えの基本であった。

日本と中国との協力関係を最初からありえないものとして考え、国民党関係者の声に少しも耳を貸さないジョンソンの態度に、国民党関係者の中には違和感を抱く者もあった。たしかに日本と結ぶ可能性は限りなく低くとも、同じアジア人として日本の唱えるアジア主義に共鳴しないと決めつけるアメリカ人の態度にもしっくりこないものを感じていたのである。孔祥熙はペック参事官との一九三六年三月の会談の中で、日本人が現状のように高圧的に中国人に接するのでなく、惻隠《そくいん》の情をもって接していたなら、日本人の汎アジア構想も進展していただろうし、中国人も協力していたかもしれないとまで述べた。ここには、欧米に虐げられていた過去を日中も共有していないわけではないという発想に、まったく目を向けようとしないジョンソンへのいら立ちもあったに違いない。

アメリカを牽制するためか、国民党政府の張群外交部長は会見において、「人種的文化的親近性という絆」で結ばれているとして日中の親近性を強調した。そして、満洲事変以降の日中関係は「異常な状態」であって、「両国の先見の明のある人々にとって憂慮の元であり、二国の両国民と両政府の間に存在すべき友好的感情を回復したいというのが彼らの共通の願い」であると述べた。また、外交部長として外交チャネルを通して日中関係の改善に向けて最善を尽くすよう決意し、また、日本側にも同様の希望があると考えると期待を表明した。そして、日中間にはこれまで深い憎しみがあったとしても、中国には「百年燃え続ける火はない」ということわざがあると述べた。米英がもっとも懸念している点をついたのである。

一瞬の落ち着き

一九三〇年代半ばも過ぎると、日本主導の汎アジア主義的な動きは下火に見えた。大連での第三回全亜細亜民族会議の次の会議は、一九三六年二月に開催が予定されていたが、結局開催されなかった。

東京のイギリス大使館は、インド独立活動家のA・M・ナイルが日本政府から支援を受けていないことに安堵し、日本にとって汎アジア主義を推進するには不都合な時期なのだろうと結論付けている。グルー大使も、以前日本の新聞に盛んに見られた反米的論調が近ごろ見られないのは広田弘毅の意向によってのことであり、最近話題の太平洋不可侵条約構想も同様に日本政府の平和への志向を表していると理解していた。日米英関係が一瞬の落ち着きを見せたと言えるかもしれない。

ただ、日本に対して警戒感を抱く中国人と彼らに共感を寄せる中国在住の欧米人だけが、日本のアジア主義に対する警戒を緩めないでいた。『チャイナ・ウィークリー・レビュー』誌は、孫文の大アジア主義を持ち出して日本を批判した。孫文の汎アジア主義は弱者を助けるものであって、他者から奪うものではない一方、日本の汎アジア主義は中国から奪うものであるとして日中の汎アジア主義の相違を強調し、日本を非難している。この時期、米英の主要メディアの中で、ボストンの『クリスチャン・サイエンス・モニター』だけが、日本の汎アジア主義に目を向け続けていた。中国の教育ある層の圧倒的多数が日本を中国統一にとっての脅威とみなしているため、現在は日本の汎アジア主義は中国において支持を得られていないが、将来はもしかすると、日本帝国の拡大に伴い、汎アジア主義が日本人にとって、イギリス人にとっての「白人の責務」のような精神的スローガンになるかもしれないと、その危険性を指摘していたのである。

日中開戦、アジア主義の破綻

一九三七年七月七日の北京郊外での日本軍と国民革命軍との衝突をきっかけに、日中は戦闘状態へと突入する。アメリカ政府が当初、この日中の衝突を重要視しなかったこともあり、日本の勢力拡大を好ましく思わないイギリス政府も、介入することはなかった。そのような中、日中の衝突について、アジア主義者は日中の連合を中心としてアジアが一丸となって欧米列強に立ち向かうという可能性が破壊的なまでに減退したことに衝撃を受けた。一方で、そのような黄禍論的恐怖を抱いていた者は、日中合同の可能性が遠のいたことに胸をなでおろした。アジア主義の中心を占めるはずの二つの大国がお互いを相手に戦争をはじめたからである。

日本を中心としたアジア連合を期待していた者の中には、インド独立運動家のスバス・チャンドラ・ボースがいた。イギリスの圧政からの独立を望むボースは、日本や中国といったアジアの大国に期待するところ大であった。とくに日露戦争で、これまで有色人種には勝てないと考えられていた白人列強の軍隊を打ち破った日本には「日本は極東で白人の威信を粉々にし、西洋帝国主義諸国を守勢にまわらせた」と大いに期待していた。そのアジアの期待の星である日本が、同じアジアの大国である中国を相手に戦争をはじめたことは、ボースには青天の霹靂であった。しかし、いかんともしがたく、苦渋しつつ、日本は「極東から西洋列強を駆逐しようと決意している」が、「中華民国をばらばらにすることなしに、誇り高く、文化的で歴史あるもう一つの民族を辱めることなしにすべてを成し遂げることはできなかったのか」と問うしかなかったのである。

お互いが合意できるところを模索しつつあった日中のアジア主義者も、日中開戦によって難しい立場に追いやられた。中国大亜細亜協会の宣言の、「中日両国に兵火を見るに至れるは真に遺憾〔……〕今回の事変は禍を転じて福となし、東亜禍乱の根源を伐採し、人民の意志を尊重する真に中国人の中国政府を建設する好機なり」と書かれた部分にその苦悩が表れている。

日中両軍の衝突が、本格的戦争へと進展していくと、日本を中心とする自発的なアジア主義が大きく遠のいたとして、米英人は安堵した。たとえば、日本を中心とするアジア主義の動きに魅力を感じていたタイのアジア主義勢力が、日中戦争のせいで、日本に幻想を抱けなくなるに違いないと安堵する記事がロンドンの『タイムズ』紙に掲載された。その記事はより進めて、タイにとっての望ましい隣国は大英帝国であり、日中戦争によって日本に幻滅したタイも大英帝国との関係をより強化するだろうと期待していた。

アメリカ政府はこの時期、日中戦争の影響を楽観視していた。それは精密な現状分析によっていたというよりは、日本に対する人種偏見による侮りが大きかった。すなわち、日本人が、イギリスがインドでしたように中国に対して侵略を試みても、イギリス人より劣った日本人にそのようなことはできるはずがないと書かれた国務省の文書に典型的に表れている。

ネルソン・ジョンソン駐華米国大使は、日本軍の中国本土爆撃を、ただ日本が中国を叩いているというのとは別の視点からも見ていた。香港のドノバン領事を経由しての国務省宛の連絡の中でジョンソン大使は、日本が中国本土の拠点を体系的に爆撃することによって、欧米が中国で過去一五〇年をかけて培ってきた文化的商業的取り組みの成果から何かを救い出す希望が無くなりかけていると報告している。ジョンソン大使は、「日本の現在の作戦が、中国における西洋の影響力や利権を日本のものと置き換えるという野心に大部分駆り立てられているのではないかという疑念」を持たざるをえないと書いた。

田中上奏文ふたたび

日中戦争の勃発が、日本が中国征服を手始めに世界征服を企図しているという田中上奏文を人々に想起させたのは自然な流れであった。著名な報道記者のエルマー・デイヴィスは、アメリカの有力月刊誌『ハーパーズ・マガジン』の中で、田中上奏文に関連付けて極東情勢を論じている。田中上奏文が本物で、上奏文のとおり日本人は中国を足掛かりに勢力拡大を図っていると解釈しているのは中国人であるが、そのような論を支える証拠を与えているのはまさに日本人自身であると、デイヴィスは書いた。日本の行動は、田中上奏文の中にある、まず満洲を征服し、それから中国に進出し、そして世界へという流れに見事に符合していたのである。

南京政府の孔祥熙財政部長も、田中上奏文を引き合いに出した。それによれば、日本軍による中国征服は、世界支配に向けてのものであるので、世界は日中戦争に無関心であるべきではなく、中国を助けなければならないとした。そして、日本人の掲げる「アジア人のアジア」というスローガンは、実のところ「日本人のためのアジア」に過ぎないと言い切っている。同じころ、『クリスチャン・サイエンス・モニター』紙も、日本自身の行動が「アジア人のアジア」が「日本人のアジア」を意味しがちであるという説得力のある証拠を提供してしまっていると同様の主張を展開した。

そのような米紙の主張を裏付けるかのように、一九三八年一一月三日、近衛文麿首相は、日中戦争の目的を「日満支三国」が提携しての「東亜新秩序建設」にあるとする声明を発した。首相自らがそのような声明を発するということは、すなわちついにアジア主義が、実際の日本政府の政策目標となったことを示しているのにほかならなかった。

アメリカの主要紙のいくつかは、日本が東アジア支配の意図を露にしたとみなした。東西海岸の主要紙の『ニューヨーク・タイムズ』と『ロサンゼルス・タイムズ』は、共に近衛の声明は日本が東アジアを支配する意図の表れであると断定した。『ニューヨーク・ヘラルド・トリビューン』紙も「日本、満洲国、中国の政治的、経済的、文化的ブロックを創ることで、日本は東アジアに新秩序を打ち立てようとしている」と書いている。それを踏まえて、上海の『チャイナ・プレス』は、そのような汎日本主義に、中国は協力する意図はまるでないと世界に向けて訴えた。ただ、国民政府関係者ががっかりしたことには、米国務省は、踏み込んで中国を助けるようなことはせず、アメリカの政策は、国際法に則り、公平に扱うものであると述べるにとどまっていたのであった。

一二月に入ると事態は進展を見せる。近衛声明を受けて、汪精衛が重慶を脱出したのである。また日本による重慶爆撃も開始された。米国務省の動きは鈍かったが、米国の世論はどんどん親中反日に傾いていった。『ニューヨーク・タイムズ』は、「西洋に敵対する日本」と題して、日本を止めて中国を助けないと、反西洋の立場の日本が勢力範囲を広げ、東アジアにおける欧米列強の利権が損なわれてしまうと書いた。数日後の同紙は、日本の意図は中国の権益を独占することであり、田中上奏文が真実であるとの証拠が積みあがりつつあるとする先の記事を踏まえた投書を掲載している。田中上奏文は、中国人や米民間人などにだけ信じられていたわけではなかった。それは米海軍のれっきとした将官の議会での証言にも見られた。ジョセフ・タウシッグ少将は米国連邦上院海軍委員会において、日本の最終目的は世界征服にあり、中国、フィリピン、インドシナ、豪州などを征服した後、アメリカに狙いを定めてくるので、日米戦争は不可避であると述べ、その根拠として田中上奏文を挙げている。

日本の外務省は、日本の政策はアメリカのモンロー主義をまねただけであると主張する論考を、息のかかった英字誌に掲載するなどし、また、在米日本大使館が田中上奏文は偽書であると各方面で否定したが、日本軍が中国大陸で軍事行動を展開する中、アメリカの対日世論を改善させるのは難しかった。

天津租界封鎖

そのような中、中国人が反西洋という点で日本人と共感するのではないかと、米英人を不安にさせる事件が起きている。以前から抗日勢力を匿うなどしてきたため、日本側がいら立ちをもって眺めていた天津のイギリス租界が、親日的と見られていた海関責任者の中国人を殺害した犯人の引き渡しを拒否したことから、一九三九年六月に日本軍によって封鎖されたのだ。日本国内では反英世論が高まり各地で反英の対外硬運動の高まりがみられていた。現地の日本軍は、租界を出入りする英国人を厳重に取り調べ、時には公衆の面前で脱衣させるなどした。そのような行為は、中国大陸でそれまで我が物顔に過ごしてきたイギリス人をはじめとする白人の面目をつぶすものであった。海関総税務司のイギリス人サー・フレデリック・メイズのように、この事件を日本対イギリスの対立ではなく黄色人種対白色人種の対決とみなす者も少なくなかったのである。[14]

この騒ぎをアメリカ政府関係者は不安な気持ちで眺めていた。彼らが重く見たのは、この出来事が「白人の威信」に与える悪影響であった。ジョンソン大使もその点に注目している。彼は、「日本人によって唆された占領地における反英煽動との関連で注意に値するのは、私が知る限り、中国当局がそのような煽動を公に非難しなかったことである」と記して、日本人が今回の出来事で見せた反英的態度に関して、中国人がそれを静観するという態度をとったことに注目した。それは中国が反西洋という立場を日本と共有しているともとれるからであった。またジョンソンは、「西洋のいずれの国民に対してであれ、西洋人に敵対する煽動に対して、極東の全ての人々が本能的共感をもつだろう」と危惧した。これは以前、日本人と中国人が協力することはないという報告書を書いたジョンソン大使の意見であるだけに特筆すべきことであった。

第二次世界大戦勃発

一九三九年九月に英仏がドイツに宣戦布告していたものの、西部戦線は静かなままで、フランスでは「奇妙な戦争」などと呼ばれていた。それが突然、一九四〇年四月、ついにドイツが攻勢に出て快進撃を続けると、アジアに植民地を持つ欧州列強は苦境に立たされることになる。それを受けて、日本政府の高官からは、それらの植民地への野心が見え隠れするようになる。有田八郎外相は、一九四〇年四月一五日の記者会見において、蘭印の現状変更を来たすような事態については「深甚なる関心を有する」と述べると共に、六月には、「東亜の諸国と南洋諸地方とは［……］極めて密接なる関係にありまして［……］共存共栄の実を挙げ以て平和と繁栄を増進すべき自然の運命を有」し、欧米との関係については、「欧米諸国が東亜方面の安定に好ましからざる影響を及ぼすが如き事なきを期待する」とラジオで演説した。

松岡洋右が有田に代わって外相に就任すると、よりあからさまな野心を露にした。八月一日には「日満支をその一環とする大東亜共栄圏の確立を図る」と宣言し、わざわざ「大東亜共栄圏に仏印や蘭印の含まれるのは勿論である」と付け加えている。一九二〇年代には無名の国会議員を中心とする影響力の小さい活動に過ぎなかった汎アジア主義は、もはや外務大臣本人が唱える日本政府の外交政策の中心となっていたのである。

汎アジア主義的な日本の外務大臣の発言に、米英主要紙は敏感に反応した。有田外相のラジオ演説に対しては、「有田は東亜が日本の勢力圏であると宣言」とか、「日本人は諸国に東亜から出て行くよう警告」などと論じた。松岡外相の発言については、アメリカの有力紙が、「日本はより野心的な計画の正体をあらわす」「ファシスト日本、東亜全体の支配を計画」などと危険視した。米紙が懸念したのは、日本の矛先がそれまでは中国に向いていたのが、東南アジアへとその広がりを見せていることとであった。『ボルチモア・サン』は、ドイツの快進撃に乗じて日本がインドシナに進出する場合、米領であるフィリピンの防衛が問題となると日米衝突を懸念した。

事態はそのような懸念どおりに進展していく。日本は北部仏印に進駐し、日独伊三国同盟を締結する。それに対して、アメリカ政府は、屑鉄の対日輸出禁止に踏み切った。日独伊三国同盟の矛先には米国があるのは明らかに思われた。このころ、米国のある地方紙は、「黄禍」と題する絵を掲載した。それは、吊り上がった目の日本軍人が三国同盟と書かれたナイフでかぼちゃの中身を切り取るのを米英が眺めつつ、「ずいぶん切り取ることになるんじゃないかね」と憂慮するといった絵であった。

ロンドンでは対独戦を指揮する戦時内閣が、もし日本がオーストラリアやニュージーランドを攻撃した場合どのように対応すべきかについて議論していた。その時、チャーチル首相は内閣に対して、「我々はイギリスの自治領が黄色人種によって圧倒されるのを座視することは決してできない〔……〕必要とあらば、地中海と中東における我が立場を放棄する覚悟をすべきである」とまで書かれた自治領宛のメッセージの草案を提示している。このメッセージは、地中海や中東といったよりイギリス本国に近い重要拠点の守りを捨ててでも、人種的威信は守られなければならないということが示されていた。チャーチルにとって黄色人種がアジアでイギリスの自治領を蹂躙することは何よりも許しがたいことであったことがよくわかる。

このころイギリス政府内では、ドイツの力を弱めるため、ありとあらゆる作戦が検討されていた。その一つが、ヒトラーの著書『我が闘争』の中の、日本人を人種的に貶めた部分を抜き出した抄訳を日本国内に配布し、ドイツとの関係を見直させようというものである。この作戦が実施されたという記録は見つからないが、日本人の人種意識をイギリス政府高官がどのように捉えていたのかがよくわかる作戦計画である。

「日満支」提携

日本の影響力が大陸で増大する中、中国で引き続き活動を続けていた英字出版物は、外の世界に向けて、中国が日本の言いなりになってしまったわけではなく、日本の汎アジア主義に共鳴しているわけではないという主張を必死で発信し続けていた。

そうした中、一九四〇年三月三〇日に汪精衛を首班とする南京国民政府が成立する。汪は自らの正統性を示すために孫文の大アジア主義を想起させた。一九四〇年四月六日号の『チャイナ・ウィークリー・レビュー』は、自らを孫文の汎アジア主義の正統な後継者と自称し、孫文の遺志を継いで日本と結んでいるという汪精衛政権の主張が、欧米に流布しかねないと危惧した。そのため、汪政権はあくまで日本の傀儡政権であるとして、「傀儡政権のお目見え」であり、「猿芝居」以外の何物でもないと書いた。また、一〇月には同誌は、汪精衛政権は孫文の大アジア主義演説を曲解しており、孫文が反対したのは西洋によるアジア支配だけではなく、いかなる他国による支配にも反対していたのであり、日本による支配も認められず、日本の政策は孫文の言うところの王道ではなく覇道であると主張した。

一一月三〇日には南京で、日本政府は汪精衛政権と日華基本条約に調印した。これは、「両国政府は文化の融合、創造及発展に付緊密に協力すべし」とするものである。それに加えて、同日「新秩序」の建設をうたった日満華共同宣言が出された。汪政権がいかに傀儡と見なされるものであろうと、そして満洲国はまだ多くの国に承認されていなかったにせよ、ここに一応日中が新秩序をアジアに建設するために結びついた形が完成を見たわけであり、見ようによっては黄禍論の悪夢の実現とも思わせる象徴的なものであった。多くの米紙は、「傀儡」の側面を強調して深く考慮するまでもないと切って捨てた。ただ、『ボルチモア・サン』紙は、「汪の条約に見える中国の死の種」と題し、中国が日本に飲み込まれることのはじまりではないかと捉えた。

『東京日日新聞』は、この三国の連携は「政治独立、軍事同盟、経済合作、文化交流」を表しており、東アジアにおける国際連盟の形成が必要とされていると書いた。そして、そのためには三国共闘して「人種的闘争」を戦う必要があるとあからさまに反米英的な論調であった。英字紙『ノースチャイナ・ヘラルド』紙は、「人種闘争」の部分に着目して、アジア主義が力を得てきていると報じている。

国際関係を人種的視点から見る論調はこの時期の米国内にも見られた。南部の地方紙『ビロキシ・ヘラルド』は、常に白人同盟のチャンピオンであり続けて来たドイツや、同じく白人国のイタリアが、非白人国の日本と連帯するなどなんたることかと嘆じ、戦争になったときにアメリカを攻撃するためとしか思えないと哀しみ、「白人の連帯」はどこへ行ってしまったのかと悲嘆に暮れた。同じ頃、ペンシルベニアの有力紙『フィラデルフィア・インクワイアラー』などは、日本は豊臣秀吉のころから大アジア支配を狙っており、アメリカの極東における利権を排除して、最終的には「黄禍論」を実現するよう試みるだろうと断言する、UP通信のベテランジャーナリストであるマイケル・ボーンの署名入り記事を掲載した。

「国家的ハラキリ」へ

一九四一年七月末、日本は南部仏印進駐を開始した。この軍事行動はアメリカ政府の理解を得られ、日米交渉も継続可能との甘い認識のもとのことであった。しかし、日本側の認識と異なり、アメリカ政府はこれを国家安全保障を脅かす深刻な出来事と考え、対日石油禁輸措置をとる。また、在米の日本資産が凍結されたこともあり、日本はアメリカからの物資の輸入がほぼ不可能となった。

八月に入ると、ルーズベルト大統領とチャーチル首相はニューファウンドランドの湾に停泊した首相お気に入りの最新鋭戦艦プリンス・オブ・ウェールズ艦上において頂上会談し、戦後秩序をどのようなものにするべきかという目標を定めた大西洋憲章を共同宣言として発表した。この大西洋憲章は、二〇年以上前のウィルソン大統領の十四カ条を髣髴とさせる内容であったが、中には、あらゆる人間の渡航の自由を認めるという、当時有色人種には必ずしも認められていたわけではない権利も含まれている。これは見方によっては、一九一九年のパリ講和会議で、日本代表団が提案しつつもオーストラリア代表などの反対で採択されなかった人種平等提案を想起させるものであった。

それら大西洋憲章の内容について、チャーチルは英領植民地には適用されないというつもりでいたなどの認識の違いはたしかにあったが、少なくとも字面の上では、人種平等提案否決から二〇年以上経て、ユニバーサルにそのような権利が認められるという宣言にならざるを得なかったことも事実である。

一九四一年も秋になり、日本がどのように出るかについては、国務省本省と東京の米国大使館では意見が分かれていた。日本人の心を知る東京のグルー大使は、「日本は［……］一か八かの国家的ハラキリの挙に出るかもしれない。日米の武力衝突は危険なほど劇的に突然発生するかもしれない」と報告している。他方、国務省で極東問題の実質的責任者を務めていたホーンベック国務長官特別顧問は、日本が戦争に打って出ることに否定的であった。

一一月中旬に、東京の大使館から一時帰国したジョン・エマソン書記官に会った折、「日本は自暴自棄となって戦争をはじめるでしょう」とエマソンが述べると、ホーンベックは「歴史上、自暴自棄で戦争をはじめた国があるなら、いってみたまえ」と冷たく返答している。合理的に考えて勝てるはずのない戦争に日本が飛び込むはずはないというのが自他ともに認める極東問題の専門家であるホーンベックのゆるぎない判断であった。これはなにもホーンベックに限ったことではなく、たとえば、満洲事変時の国務長官で、フィリピン総督を務めた経験もあり、この頃二度目の陸軍長官の任にあったスティムソンも、日本はアメリカに譲歩するだろうという考えを覚書の中で示している。

そしていつも一言多いホーンベックは、真珠湾攻撃直前に「極東関係問題——情勢評価といくつかの可能性」と題する覚書の中で、「もし賭けをするということなら、本官は米国と日本が一二月一五日以前に『戦争』にならない方に五倍で賭けてもいい［……］一月一五日以前に戦争にならないというのには三対一で賭ける［……］三月一日以前に戦争にならないというのには現金をかけてもいいだろう」と記した。言うまでもなく、これは惨めに外れる予想であった。なお、ホーンベックは開戦後もそのような誤った予測の責任を問われることもなく、国務省の要職に留まり極東政策の重責を担い続ける。そして彼は、開戦後は打って変わって、それまで軽視していた人種要因、とくに日中が人種故に連合を形成してアメリカに敵対するという可能性を重く見るようになる。

第4章

戦争と人種主義

一九二〇年代の汎アジア主義的動きは、無名国会議員や民間人による掛け声倒れの動きであったが、一九三〇年代のそれは、軍部などの後ろ盾を得た本格的なものに変質を遂げていた。

ところが、前者が欧米列強から過剰に危険視されたのに対して、後者には、人種的侮りからか、本来払われてもよい注意が払われなかった。日中戦争が勃発すると、日中連携による黄禍論の現実化を恐れていた米英人は、その可能性がなくなり安堵する。ただ、日本が中国を武力で押さえつけて言うことを聞かせるというかたちでの黄禍の実現は可能性として残っていた。汪精衛が重慶を脱出し、形だけの傀儡政権とはいえ、日華基本条約が締結されることで、「日満支」が結びつき、黄禍論的連合が一つの完成形を見せることになる。

アジアに拠点を置く英字メディアや在外公館などは、西洋に対する溜まりに溜まったアジア人の憤りを身近で感じており、その危険性を本国に繰り返し報告したが、本国の政策決定の中枢にあった人々は、日本の政策決定者たちも、植民地を有する国として、自分たちの側に踏みとどまるほかあるまいと信じ込んでいた。

そのような思い込みに反して、日本政府は米英に対し宣戦布告する。緒戦で日本軍が、米英軍相手に次々勝利すると、ついに黄禍が現実のものとなったとされた。これまで現地の人々に無敵と考えられていた白人の軍隊を日本軍が打ち負かすと、植民地主義によって虐げられていたアジアの人々が人種的に近い日本人の味方をし、中国が連合国を離れ日本に寝返るのではないかと、戦争を通して危惧されることになる。

真珠湾攻撃の衝撃

日本の機動部隊による真珠湾への奇襲攻撃は、多くの米英人を驚かせた。彼らの多くは、日本は米英のやり方に不満を抱きつつも、植民地を所有する帝国主義側の国として、合理的に損得を考えて、米英と同じ側に留まるだろうと考えていたのである。

モルガン商会のトーマス・ラモントは、過去の歴史から見て日本は勝つ側にしかつかないと、友人に書き送っていた。チャーチル首相も、日本人は、分別のある国民であるからシンガポールに派兵するような馬鹿なことをするはずはないと考えている。米国務省のホーンベック長官特別顧問の思考法も似たようなものであった。

日本の対米開戦にはもちろんさまざまな要因が絡み合っているが、日本は実利的に考えるだろうと予測した彼らには、真珠湾へと進みつつあった連合艦隊の藤田菊一第八戦隊参謀が「顧みれば華盛頓《ワシントン》条約の桎梏の下英米の暴虐に隠忍して以寡制衆の剣を磨くこと二十年〔……〕覚えたか亜米利加、三十余年積怨の刃は汝の胸に報いられんとするを」と手書きで記していたことの意味、そしてそれがどれほど多くのアジアの人々に共有されていたのかはわからなかったに違いない。そこには一九世紀のアジアの植民地化によって蓄積され、人種差別撤廃案否決や排日移民法制定時など時折噴出した欧米列強に対する差別される側の鬱屈とした思いが作用していた。それらに対する無神経が真珠湾攻撃を青天の霹靂と捉えさせたのである。

同じアジア人として、歴史的に似た経験を経てきた中国人は、日本による米英攻撃にまったく驚かなかった。早くも一九三〇年代前半に、すでに日本と西洋列強との戦争を予見していた人物もいる。

国際ジャーナリストの董顕光は、日本と西洋列強との新たな闘争は避けられないと一九三三年の時点で書いていた。国民政府の国際連盟代表などの要職を歴任した王家楨も、日本と米英との戦争を予見している。満洲事変の頃につぶしておけば容易であった日本の野心を放置したため、そして、その後も対処しなかったため、将来「第一級の戦争」に発展するだろうと、同じ頃に指摘しているのである。アジアの情勢に通じた中国の知識人にとって、日本が米英に戦争を挑むことは以前からわかりきったことのように思われた。

日本人は目が細すぎてよく見えず優れたパイロットにはなりえない、などと日本軍を見下していたイギリス人にとって、日本軍の緒戦の勝利は大きなショックであった。元外交官のハロルド・ニコルソン下院議員は、日本軍による航空攻撃で開戦間もない一九四一年一二月一〇日に最新鋭艦プリンス・オブ・ウェールズと巡洋戦艦レパルスが撃沈されたことがイギリス人に与えた衝撃を、「戦艦プリンス・オブ・ウェールズの沈没はとてつもない衝撃を与えていた［……］我々のもっとも偉大な戦艦二隻が数分のうちに猿人間に沈められてしまったという事実［……］に直面させられている」と日記に記している。

戦艦プリンス・オブ・ウェールズは、その年に就航したばかりのチャーチル首相お気に入りの最新鋭艦で、夏にはニューファウンドランド沖でのルーズベルトとの首脳会談にも用いられたほどであった。それが細い目でロクに見えもしないと馬鹿にしていた「猿人間」のパイロットによってあっさり撃沈されたのである。撃沈の報告を受けた時、チャーチルは「それはたしかか」と聞き返したという。同じころフィリピンで日本軍機の攻撃を受けた米軍のダグラス・マッカーサー将軍も、鮮やかな攻撃に、ドイツ人が操縦しているに違いないと考えた。日本人にしては出来すぎだったからである。

真珠湾攻撃当時、現地でアメリカ太平洋艦隊を指揮していたハズバンド・キンメル司令長官も、後に開かれた真珠湾攻撃についての上下両院合同調査委員会の昼食休憩中の私的な会話において正直な胸のうちを次のように吐露している。連邦捜査局の法律家エドワード・モーガンに、「警告のメッセージを受けとりながら、どうして真珠湾に艦隊を停泊させたままにしておいたんですか」と聞かれ、キンメルは、「あの小さく黄色い畜生どもが、日本からあれだけ遠く離れて、あんな攻撃をうまくやってのけるとは思いもしなかったんだ」と答えたという。

黄色に塗りつぶされた表紙

戦前、親日的態度を示していたアメリカ人の多くが、日本に対する考えを一八〇度変えるのに時間はかからなかった。排日移民法に反対し、満洲事変以降の日本の動きに対して一定の理解を示していたモルガン商会トーマス・ラモントにとってですら、日本軍の真珠湾攻撃以降、もはや日本は米英のジュニアパートナーとして付き従う存在ではなく、死滅させるべき存在であった。そしてここに黄禍論的な思考法が浮上してきたのである。ラモントは、交換船で日本から帰国した直後のグルー元駐日大使に宛てて、「柔和さと友好の中で、我々は懐中で恩をあだで返すような者を養ってきていた。それは、抑え込まなければならないだけでなく殺さなければならないクリーチャーなのである」と書き送った。

このように、親日派とされていた人々ですら一瞬にして人種的思考に染まり、日本人に対する考え

図版5　*Time*, 22 Dec. 1941

方を一八〇度変えてしまったのである。もちろん、巷の新聞雑誌は言うに及ばず「黄色」であふれた。

一二月二二日号の『タイム』誌の表紙は、少し猿に似せてデフォルメされた顔の山本五十六を据えている。そしてその背景は真っ黄色に塗りつぶされていた【図版5】。戦前東京の大使館においてグルー大使の傍らにあって、日本人の考えを間近に感じていたジョン・エマソンは、開戦の危険を具申した折、ホーンベックに「歴史上、自暴自棄で戦争をはじめた国があるなら、いってみたまえ」とやり込められた経験をしていたが、開戦後、日本が中国と同盟する可能性におびえるようになったホーンベックの態度やほかの人々の態度を見るにつけ、今や「偏見、憎悪、感情、貪欲をあおるのに熱をあげることが、まっとうなこととして受け入れられた」と感じ、強い侮りが過剰な憎悪へと打って変わったことを嘆くのであった。

開戦後は、田中上奏文が日本の将来の動きを示している文書であるという見方がより有力になるのは当然の流れであった。開戦直後に『ワシントン・ポスト』紙は、アジア全体を属国とし、太平洋を自国の湖にしようという日本軍部の企みは、まさに田中上奏文に記されたとおりであると書いた。『ニューヨーク・タイムズ』も、同じ頃、日本の行動は短期的思い付きによるものではなく、以前からの世界征服という考えに基づくもので、それは田中上奏文に記されているとの在米中国人の投書を掲載した。

ライシャワーの懸念

アメリカ人の日本人に対する人種的態度の急変の影響を間近で感じていたのは在米日系人であった。開戦当時、アメリカ国内には西海岸を中心に多くの日系移民が暮らしていた。同様にアメリカの敵となったドイツやイタリアを出身国とする移民は、日系移民をはるかに上回る数がアメリカ国内に暮らしていたが、問題となったのは日系人であった。

真珠湾攻撃からわずか二ヵ月後、ルーズベルト大統領は行政命令第九〇六六号に署名する。これはすべての敵性外国人を対象にした隔離命令であったが、大掛かりに強制収容されたのは、日系人だけであった。砂漠の中などの不便な土地に急ごしらえに作られた施設に、一〇万人以上の日系人が隔離されたのである。ドイツ系やイタリア系には同じ敵性住民でありながら、そのような大規模な隔離政策はとられなかった。また、アメリカ生まれであり、そのため生まれながらのアメリカ人であった二世や三世の世代も、日系人だというだけで、隔離の対象となっている。日本人の血が問題とされたのであり、明らかに人種的思考によるものであった。

戦争は益々人種戦争へと向かっていた。スティムソン陸軍長官は、二世のほうが一世よりも「危険」であり、アメリカ国籍をもつからといって日系二世を信用することはできないと日記に記している。米国本土西部地区の防衛司令官ジョン・デウィット将軍は、「日本人種は敵性人種である。たとえ、二世、三世の日本人がアメリカの地で生まれ、市民権を持ち、アメリカ化されても、その血は薄まらない」と述べている。また、日系人による「破壊活動がいままでのところないということは、将来そのような行動がとられるだろうという憂慮すべき確かな兆候なのだ」とも述べている。九・一一の同時多発テロの直後、イスラム教徒について語られた論法と驚くほどに似ていると言えよう。

この政策の危険性について指摘した人物も存在していた。後に駐日大使となるエドウィン・ライシャワーである。彼は対日政策に関する覚書の中で、日系人強制収用の危険性について次のように警告している。

> 日本人を祖先にもつアメリカ市民を米国籍をもたない日本人とともに西海岸から移動させることは［……］白人種はアジアの人びとを白人と平等とはみなさず、未だになお差別し続けているという見解にアジアの人びとを賛同させようという日本人に、これは強力な論拠を与えることになってしまったのであります。[15]

日本はこの戦争を有色人種の白人の支配に対する解放戦争としようとしており、日系人強制収容がその動きを助けてしまうとライシャワーは懸念したのである。日本のそのような努力が成功せずにいるのは、ひとえに中国が連合国側に立って抗日戦を戦っているからであるとしているなど、彼の発想はホーンベックのそれと似ていた。そしてライシャワーにとってもっとも恐れるべきは、白人の傲慢さにうんざりした中国が日本側にまわり、欧米の植民地統治に苦しむインドなどの植民地がそれに加わることであった。

シンガポール陥落の恐怖

米国務省は、これまで無敵神話による白人の威信を利用して、少数の軍隊でもって多数のアジア人を押さえつけてきたアジアにおける西洋列強の支配が、地元の人々の見ている前で日本軍によって敗走させられることで揺らぐのを懸念していた。とくに注目されたのが、イギリスのアジア支配の最重要拠点の一つであるシンガポールである。

シンガポール陥落がアジアにおける白人の威信の失墜を招く可能性については、米国務省内でも大いに懸念されていた。国務省極東部の覚書は、シンガポールの軍事的重要性のみならず、その「心理的および政治的重要性」に着目して、もしシンガポールが日本軍の手におちれば、周辺のアジア地域の人々の心の中における「白人とくに英帝国と米国の威信」の低下は計り知れないだろうとの陰鬱な予測を示した。また、開戦以来の日本軍の破竹の勝利の結果、それに乗じて中国人が日本側に寝返り、アジアの英仏蘭等の植民地を我がものにせんとしているのではないかとまで疑うに至っている。[16]

このような国務省の懸念を中国側も感じ取っていた。国民党政府の孫科立法院長は、いま中国が日本と戦うのを止めたら、どうなるだろうかと仮定の問いを発している。すなわち、中国がいま武器を置いてしまえば、中国と戦っている大陸の大量の日本軍が、対米戦争のために使用可能になり、アメリカにとって大変なことになるから、中国にもっと気を遣って援助したほうがよいというのである。白人の威信の低下とそれによる中国の日本接近を憂慮していたアメリカの懸念をついた発言であった。

イギリスも、非白人の同盟国である中国の動向に気を配ってはいた。日本がアジアの守護者として、アジアにおいて信望を得ては困るというのである。この時期、日本軍による香港住民に対する非人道的行為が問題となっていた。それに対して、イギリス政府は、日本軍によるヨーロッパ系住民に対する残虐行為はなるべく報じず、アジア住民に対する非人道的行為を報じるようにと指示している。これまで西洋人に圧迫され反感を持ってきたアジアの住民が、西洋人を抑圧する日本人をアジアの守護者と見なしかねないという懸念から出た指示であった。そのため、できるだけ日本人のアジア人に対する非人道的行為を報じることで、アジアの人々の日本人に親しむ心をなくさせようというのである。

インド総督も同様の懸念を抱いていた。すなわち、日本軍は、「インド軍に対するヨーロッパや自治領の軍の侮蔑的扱い」「白人士官たちによるインド軍の安全と快適に対する怠慢」そして、「インド人捕虜や占領地のアジア人住民に対する日本人の落ち度のない行動」を広く現地で宣伝するなど、「人種や肌の色による偏見が引き起こしうる卑しい感情に火をつけるため」にできることなら何でもしているので注意すべきとしていた。すなわち、白人が現地住民に対してひどい扱いをしている一方で、非白人の日本人はインド人を公平に扱っていると宣伝に努めていたことに、総督は神経をとがらせていたのである。そして、日本軍の「極東における戦争をアジア人（黄色と褐色）のヨーロッパ人に対するものとして提示しよう」という策略にのってはならないと主張した。ここには、先の考えと同様に、日本軍が白人を劣悪に扱っているというニュースが、他のアジア人に好意的に受け取られか

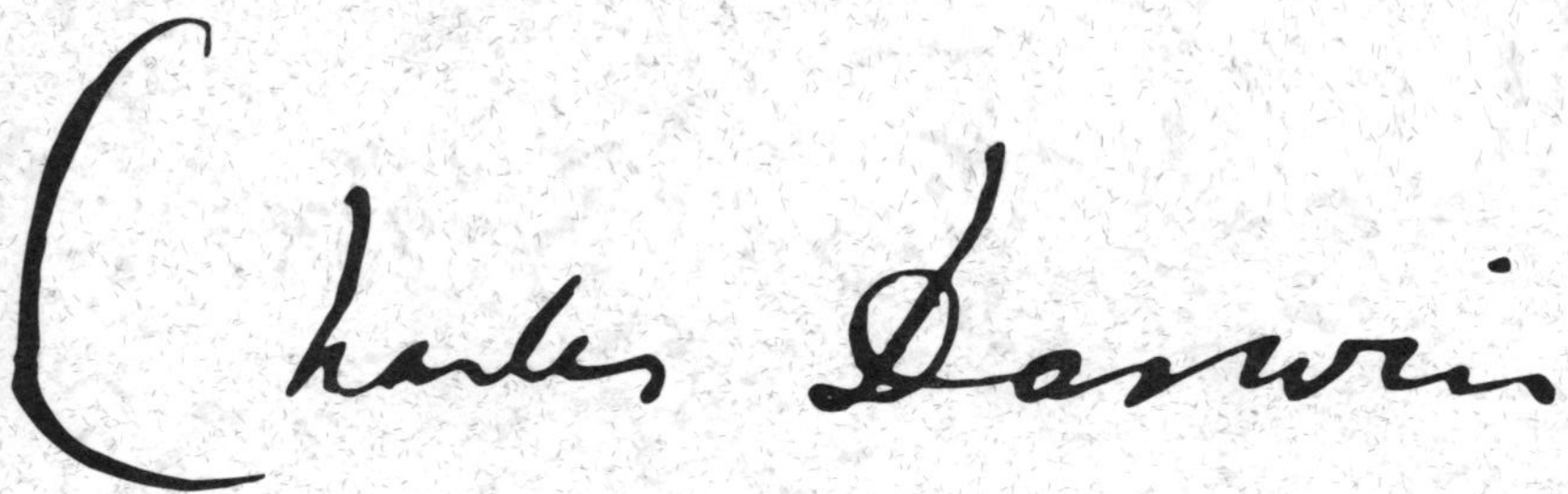
Charles Darwin

ダーウィン、チャールズ・ロバート (Charles Robert Darwin 1809-1882)

イギリスの博物学者。祖父に高名な進化思想家エラスムス・ダーウィンを持つ。エジンバラ大学で医学を志すが、転じてケンブリッジ大学で神学を学んだ。地質学、動物学に興味を持ち、博物学者として乗船したビーグル号での航海の途上に訪れたガラパゴス諸島で、生物進化の印象を強くした。自然界での激しい生存競争による自然淘汰によって新種が生まれるとする進化論を発表、進化論に科学的な側面をあたえた。『種の起源』は進化論上の古典である。

E

ねないという認識があったのである。

中国とインド

米英が非白人国同士の連携を懸念する中、蔣介石がインドを訪問するとの計画が伝わると米英政府に動揺が走った。国民党政府は、連合国に積極的に協力しているようには見えていなかったし、インドはイギリスからの独立を望んでいるなど、どちらも米英政府にとって不安な要素を抱えていた。チャーチル首相は、蔣介石がガンディーやネルーと面会すれば、「汎アジア主義的不快感をインド中のバザールに広める」効果があるだろうと不快感を隠さなかった。チャーチル戦時内閣の閣僚で後に首相となるクレメント・アトリーも、中国とインドの結びつきを西洋と東洋の対立という視点から危機感をもって眺めている。アトリーは、第二次世界大戦において中国が四大国の一つとして重要な位置を与えられているのに対し、インドに対する国際的評価はまだ低いので、インドが近い将来力をつけるにつれイギリスの言うことをきかなくなるのではないかと危惧した。また、戦後はアジア勢力が国際社会で大きな力を持つようになることは明らかであるから、アジアの一員である日本が米英をはじめとする欧米列強に打撃を与えた状況は、戦争で日本が敗れ去ったのちも、他のアジア諸国に引き継がれ止まることはないと予想している。

米国政府内では、前章で述べたとおり、ホーンベックが日中連携を懸念していた。戦前には、日本は合理的に考えて対米開戦を避けるはずと予想して恥をかいたホーンベックであったが、意外にもハル国務長官は彼を国務長官特別顧問の座に据え置き、極東政策の要としていたのである。

前述のとおり、予想が外れたホーンベックは人種的思考をとるようになっていた。開戦直後の米英首脳会談で、第二次世界大戦においてヨーロッパ戦線第一主義をとることが決定されるなどしたため、アジア軽視を憂慮した蔣介石が、人種の同じ日本に接近する可能性があるのではないかとホーンベックは懸念している。インド情勢の切実さをイギリス政府が理解していないばかりか、イギリス軍は撤退するときに同盟国中国に一切伝えてこないと訴える時の蔣介石の落ち込んだ姿を伝える重慶のガウス大使からの報告に、ホーンベックの憂慮は深まるばかりであった。

ジャーナリストにも中国とインドに配慮することを訴えるものがいた。有名なアメリカ人コラムニストのサミュエル・グラフトンは、自らのコラムの中で、この度の戦争における中国とインドの重要性を強調している。彼によれば、世界の注目が集まっている対日戦争は、世界史の文脈においては極めて小さいもので、「アジアの何億人という文脈の中では［……］ちっぽけ」なもので、あたかも「小さい戦争、ミニチュア戦争であり、そこでは数十万の日本人が数千人の西洋人を爪で引っ掻き、そうすることで四〇〇〇万人の住む列島の運命を解決しようとしている」ようなものだとする。そしていま目を向けるべきは、世界の人口の半分をも占めようという中国とインドであって、それゆえ、「インドと中国を十全たる戦争のパートナーにせよ」と主張した。極東の小さな島国日本だけと相対した対アジア戦争ではなく、巨大な中国とインドを敵にしてしまった時の世界史的な危機感を示したのであった。

「白人の威信」

日本軍がジャワ島に迫る中、本国がドイツに占領され、王室がイギリスに逃れたのちも、イギリスの亡命政府下に踏みとどまっていたオランダのアジア植民地であったが、日本軍の足音は日ごとに迫っており、残されたわずかな植民地軍では、日本軍から植民地を防衛しきれないことは明らかであった。亡命政府のペーター・ヘルブランディ首相は、人種的共通性に訴えて、何とか米英の協力を引き出そうとしていた。「同じ白人国である」ことを拠り所にするしかなかったのである。

二月中旬にロンドンで開催された昼食会で、首相は、アジアにおける白人の支配が、白人の威信に頼っていることを想起させる発言をした。すなわち、白人には勝てるはずがないというアジア人の「人種的本能」と「劣等感」のおかげで、わずかな軍隊で植民地統治が可能であってきたが、今やその根源である白人の威信が危険にさらされているというのである。ヘルブランディ首相は、連合軍は最終的には勝利するだろうが、勝利に時間がかかりすぎると大いなる憂いを残すと訴えた。日本軍を破るのに時間がかかり過ぎて、「白人に対して日本人が傷つけ辱めを与えたことが［……］短期間のうちに罰せられなければ、白人の威信を不可逆的に傷つけることになるだろう」というのである。

このヘルブランディの発言に嚙みついたのは、連合国軍としてイギリスのために多くの兵を出していたインドの新聞であった。国民会議派寄りのインド紙『ボンベイ・クロニクル』によれば、このオランダ亡命政府の長の発言が明らかにしたのは、連合軍として戦っている中国人やインド人やフィリピン人などの有色人種が、実は、「自由、民主主義、正義」といったもののために戦っているのではなく、「白人の威信」を守るために命を懸けさせられているということであった。そのため、この発言は、ヘルブランディの「卑しい心性」を暴露しているだけでなく、第二次世界大戦が実は連合軍が謳っているような「自由、民主主義、正義」のための戦争ではなく、「白人の威信」のための戦争であることを示しており、日本人の罪は侵略ではなく、その肌の色であったとされた。[17]
開戦当時に、日本の主張は偽善的であると書いていた『ボンベイ・クロニクル』紙のこのような論調に、イギリスの政策決定者たちは危惧せざるをえなかった。連合国の大義に疑念を呈する態度は、植民地の非白人住民の間に共通して見られた。南アフリカ連邦の指導者ヤン・スマッツは、「どうして日本相手に戦うのだ。我々は白人に抑圧されている、それが日本人に代わったからと言っていまより悪くもならないだろう」と現地の人々が話しているのを聞いている。南カリフォルニア大学のアダマシオ・ポリゾイデス博士もアジアについて、日本がアジアにおいて白人に勝利を重ねた結果、西洋列強はアジアで「権威」を失ってしまったと同様の指摘をした。彼は次のように書いている。

最近の経験は、この［アジアの］地図全体で、侵略者［である日本人］は受け入れられているということを示している。インドシナは、フランス人といるよりも日本人といるほうが心地よく感じている。タイは、新しい主人の命令と望みに従順かつ進んで自らを合わせている。ビルマはその侵略者を歓迎し、蘭印の人々はいくつかの例外はあるものの無関心であり、広大なインドはいかなる新しい支配者でも進んで無気力に受け入れる［……］。それらは根拠の無い推測ではなく、確かな現実なのだ。そして、日本が思い知らされることなしに、この場合は打ち負かされることなしに、戦争が長引けば長引くほど、日本が服従させた広大な地域と何百万もの人々を日本の支配から切り離すのが困難になる。[18]

人種偏見と心理戦

白人が権威を失い、その結果、同じ連合国側に立っているはずの非白人の忠誠心に疑念が生じる中、アメリカの指導者は、アメリカは虐げられた者の解放という正義のために戦っていると強調しないわけにはいかなかった。開戦後初のアメリカの戦没将兵記念日の演説で、国務省を代表してサムナー・ウェルズ国務次官が次のように述べたのもそのような文脈においてである。

勝利はすべての諸国民の解放をもたらさなくてはなりません。〔……〕帝国主義の時代は終わりました。〔……〕大西洋憲章の原則は世界全体に保障されなければなりません〔……〕人種、信条、肌の色による諸国民間の差別は廃止されなければなりません。

その間、米国務省内では、中国が人種的に同質の日本に寝返る可能性について、引き続き懸念され続けていた。国務省極東部長のマックスウェル・ハミルトンが、ホーンベック国務長官特別顧問の示唆を受けて一九四二年六月にまとめた「中国の戦争における潜在的力―その評価」と題する覚書は、中国の組織的対日抵抗が崩壊したケースについても想定していた。

覚書は、そのようなことになれば、日本が心理戦に勝利し、白人種に対する日本の指導の下での世界中の有色人種連合という日本の宣伝が勝利したことになってしまうとする。すなわち、そうなればインドや中東における連合国にとっての大打撃となるであろうし、日本は、「世界全体の有色人種といわないまでもアジア人種の指導者としての立場を確かなものにするだろうし、その結果、連合国による日本の打破は決定的でなくなるかもしれない」と予測していた。また、おそらく日本は「労せずして中国の途方もない人的資源を［……］用いることができるようになるだろう」とした。もし、中国に日本が拠点を築いた場合、東京の政府が講和に応じたのちも、軍国主義勢力が抵抗を続ける可能性すらあるとした。とにかく、アジア最大の国家中国が日本に敵対していることによって、日本がリーダーとしてアジアをまとめる可能性が閉ざされていることは重要であるとしていたのである。

それらの想定の結果、アメリカがなすべきことは、中国を助ける不退転の意思があることを中国に示すことであるとされた。中国は、連合国に中国を助ける決意がなく、無視されていると感じた場合は、中国が日本に対する抵抗を継続することを当てにできないことを忘れるべきではないとする。それ故、心理的にも、軍事的にも、政治的にも、中国を対日戦にとどめておくために、何か具体的なアメリカの側の証拠を示すことが急務とされた。この覚書は、中国だけでなく、ソ連やインドまでもが分解し崩壊した場合に連合軍が直面するであろう状況を想定すると、中国を連合軍に維持しておくことが極めて重要なことが明らかになるだろうと結んでいる。

第二次世界大戦の心理的側面をつかさどる統合参謀本部指揮下の合同心理戦争委員会も、似たような理解に達していた。すなわち、戦争の人種的側面をいい加減に扱うことによって、日本を助けてしまうことになりかねないというのである。委員会は、イギリスへの提案として、戦争において人種偏見に触れるべきでなく、アジア人に対してたとえ敵であってもこれまでのように「ちび」「黄色」「吊り目」といった差別的表現を用いることのないようにすべきとしていた。

ホーンベックの懸念

中国が連合国側で戦い続けることが、人種戦争にならないようにする最善の保障であるとするハミルトン極東部長による覚書の提出を受けて、ホーンベックは、中国が日本側に寝返る可能性について改めて考えないわけにいかなかった。

世界戦争が戦われている他の地域を優先させて、アメリカが約束どおり軍需物資を中国に対して送らないことに業を煮やした蔣介石が、抗議の意思を込めてワシントン駐在の大使を召還すると、ホーンベックは危機感を募らせ、中国の世界大戦における役割について国務長官に向けた覚書を作成している。ホーンベックによると、思ったような援助を得られなかったために駐米大使を召還した蔣介石の決断について、それがもっともかどうかということよりも重要なのは、極東で新たな流れが生じていることであった。その新潮流とは、日本の対米英開戦前には、極東の人々は米英を尊敬し信頼していたのが、開戦以降はその尊敬の念が減じ、信頼が弱まっていることであった。

そのような中、アメリカからの援助は確かに来るには来たが、蔣介石の「慎み深い」要求に比べてはるかにわずかしか援助は与えられず、その一方で、蔣は日本軍が米英軍相手に歩を進めているのを目の当たりにする。そうなってくると蔣介石は、援助の少なさは、西洋優先主義の表れ以外の何物でもなく、「西洋はいまだ西洋であり、東洋はいまだ東洋である」と痛感せざるを得ないとホーンベックは蔣介石の胸の内を想像するのだった。「西洋人はいまだに群れる傾向にある」からには、「東洋人も好むと好まざるとにかかわらず、群れるべきではないのだろうか」と蔣介石は考えているとホーンベックは確信した。そして、比較的少ない費用で中国は同盟国としてとどめておけるし、もし、中国と極東全体が同盟国として失われたら、それらは全部が西洋に向かって敵対しうるとして、なんとか中国に対してその対日抵抗努力を評価し、中国への援助を増加させるべきと主張した。

こうと考えを決めると突き進む傾向のあるホーンベックは、中国への援助を増やさないと中国が連合国を離れかねず、そのようなことになるとアジア全体が反西洋でまとまってしまいかねないという考えをさまざまな有力者に説いて歩いている。たとえば、九月二〇日には、制服組の中では、常にルーズベルト大統領の傍らに居る側近中の側近であるリーヒ最高司令官付参謀長に対して、そのような理由からアメリカは対日戦に集中すべきであると強く主張した。このようなホーンベックの説得のせいか、翌月初頭、ルーズベルトの個人的特使のパトリック・ハーリーが、「近い将来、日本に対して我々が敗北を食らわさなければ、その国は白人に対してほとんどのアジア人を団結させるのに成功するだろう」と述べると、リーヒはそれに同意する旨を記している。

人種戦争

首都ワシントンで人種的思考に囚われていたのは、ホーンベックだけではなかった。一九四二年末には、アメリカは早くも戦後秩序構想を検討するための委員会を設置していた。そして、その戦後外交政策諮問委員会内の安全保障専門委員会では、それまでヨーロッパ問題を主な議題としていたのに替えて、極東並びに太平洋地域の安全保障が主たる議題となった。そこでは、日本に対する厳しい意見が、人種的なものも含め忌憚なく出されることになる。一九四三年五月七日の委員会では、海軍代表のH・L・ペンス大佐は、日本に対して極めて厳しい意見を述べた。日本人は「国際的な悪党」であり、地球上に存在させておくのは安全ではないとの理由から、「民族としての日本人はほとんど根絶してしまうべき」というのである。具体的には、「少なくとも五〇年間は復興できぬように爆撃を加えるべき」と主張していた[19]。

ペンス大佐は決して例外的な存在ではなかった。日本に対する強い悪感情は他の委員にも共有されていたのである。五月一二日の同委員会では、国務省を代表していたキャヴェンディッシュ・キャノン委員は、日本が産業力や軍事力を再生させるのを防ぐために、日本の人口を事実上削除することが必要という考えに賛意を示し、もし日本を破壊するなら、戦争継続中にしなければならないだろうとまで示唆している。前回日本を滅ぼすべきと発言したペンス大佐は、この戦争は「どちらの人種が生き残るか」という問題であり、「白人の文明が危機にさらされている」として、太平洋におけるこの戦争を東西文明の間の戦争と捉えていることを明らかにした。

議会でも対日戦争を人種や文明の衝突として捉える考えが出されていた。連邦議会において、下院共和党の重鎮チャールズ・イートン議員は、もしアメリカと共にある中国が東洋のリーダーとなれば、我々の文化や生命を生き生きとさせる活力が東洋から世界に流れ出すだろうが、逆に日本が中国などを率いることになり、何十億人もの東洋人とそこにある大量の資源をほしいままにできるようになれば、西洋文明を終わらせてしまうかもしれない「人種戦争」にあなたたちの子供や孫たちが投げ込まれてしまうことは間違いないと警告したのである。その五日後にもイートン議員は、「将来は黄色人種と白人とのあいだに人種戦争が起こるかもしれない［……］われわれは一掃されてしまうかもしれない」との持論を委員会において開陳した。それに対して、別の議員も「われわれは、将来世界を押し流してしまうような、そしてそれを防ぐ手立てもないような巨大な勢力をアジアで解放することになるだろう」と述べている。これはアジアとどのように付き合っていくべきかという問題と密接に関連していた。

イートン議員やペンス大佐らの考えと、ホーンベックの考えは、共に、日本と他のアジア諸国が人種的近さ故に、合同して立ち向かってくる可能性が高いとみる点で共通している。ただ、イートン議員やペンス大佐らが、危険のみを喧伝し、とくに日本撲滅を主張するのに対し、ホーンベックは、そのようなことにならないように、なんとか日中を引き離そうとする点で異なっていた。

戦地から遠く離れたワシントンでここまで過激な人種的な言辞が交わされていたことからも容易に想像できるように、戦地ではまさに人種戦争の様相が展開していた。

たとえば、太平洋の戦線で日本軍と激戦を展開していたウィリアム・ハルゼー司令官は、この戦争を民族の生き残りをかけての戦いであり、白人文明を滅亡の淵から救うために日本民族を根絶しなければならないと考えていた。彼の口癖は「ジャップを殺せ、殺せ、もっと殺せ」である。最前線の兵士たちの間では、生きた日本兵の頬を切り裂き金歯を抜き取ったり、記念として日本兵の耳をそぎ落として持ち帰ることがあった。息子が「お土産」として送ってくれた日本兵の耳の配達を地元の郵便局長が拒否していると苦情を言うメリーランド州の母親の言葉が新聞紙上に記録されている。「よもや奥さん、そんな身の毛もよだつ土産を受け取りたいなんて思わないですよね」と問われて、「受け取りたいですとも。みんなに見せるために玄関の扉に釘で打ち付けたいです」と母親は答えている。

戦争中、日本兵と同じ敵兵であるドイツ兵やイタリア兵から耳や歯が集められ、それが米国内で報道されるようなことは起こらなかった。そのようなことが起きたら、米国内は騒然としただろうし、そこにこの戦争の人種主義的側面が見えているとジョン・ダワーが指摘するとおりである[20]。

米英のずれ

人種を重視せざるを得ないホーンベックにとって、日本軍の宣伝活動は目障りであった。それは、この戦争は人類の自由のためとルーズベルトが演説しているのは嘘っぱちで、実際には、白人のアメリカ人は、黒人やインド人、中国人を差別しているとする宣伝であった。そこには真実が含まれており、連合国のために戦っている非白人が、日本軍のこのような宣伝を見てどのように思うか懸念しないわけにいかなかったのである。

そのような中、中国やインドなどの非白人国の動向に神経を尖らせていた米国務省にとって、イギリスの相変わらずの植民地主義優先的態度は悩みの種であった。連合国軍が謳う民族自決や人種平等が、自らには適用されないようだと感じているインド人が、連合国の活動をサボタージュする恐れがあるというのに、インド人を戦争に駆り出しつつも、インド独立を渋るイギリス政府の姿勢はアメリカ側を困惑させた。

そのような困惑を増幅させるような報告が現地からは次々届けられていた。アメリカ大統領特使としてニューデリーに駐在しているウィリアム・フィリップス元国務次官からは、インド人が高邁な連合国の人種平等などの目標には共感するものの、そのような目標を自分たちが共有することは許されておらず、無気力が広まっているという報告が大統領宛に届けられていた。また、フィリップスは、イギリス政府が、反乱の危険からインド軍をわざと遠方に派遣して戦わせており、そのためイギリス人は安心していると苛立ちをもって書いている。フィリップスは、インド人の中に日本人に対する積極的戦闘意欲を見出すことはできず、見出せるのは外国の支配からの自由への欲求だとして、おそらく、中国においても状況は同じではないかと書いた。フィリップスも、東洋人が合同することで、自分たちはやがて「東洋の諸国民の巨大な連合を目にすることになる、そしてその共通点には、ますます増大する西洋人に対する嫌悪と不信が含まれている」と懸念している。

インド独立を阻止しようというイギリス人に対してアメリカ政府関係者は、どうしてアメリカ人の若者がイギリスの植民地維持のために死ななければならないのかという気持ちを抱かずにはいられなかった。一方、イギリス人にしてみると、フィリピンを領有するなど、自らも植民地主義をとりつつも、イギリスの植民地主義を批判するアメリカ人の姿勢は偽善にしか思えない。しかし、アメリカの助けなしには今回の戦争を乗り切れるとも思えず、イギリス人は一言いいたくなるのを我慢するのであった。

それが表れているのが、駐米大使を務めるハリファックス卿の報告書である。イギリス人は英領植民地人に嫌われているが、アメリカ人は米領で尊敬されていると考えるのが好きなアメリカ人が、日本に占領されたフィリピンで現地の人々が自発的に日本人に協力しているという報告にショックを受けている様を見て、アメリカ人の高いプライドが傷ついたに違いないと大使は報告書にしたためている。書きながらにやりとしたに違いない。

中国人排斥法修正

中国が日本と連携するのではないかという懸念は続いていた。そのような中、米国内で中国に対する差別的な移民法を廃止しようという動きが見られるようになっていく。

一八八二年に最初に制定され、当初は一〇年期限だったものがさらに一〇年延長され、一九〇二年に永続化したいわゆる中国人排斥法は、中国を名指ししてそこからの移民を禁止するという差別的なものである。アメリカがいくら中国は友好国であると主張しても、この差別的移民法がある限り、説得力を持たない恐れがあった。共に日本を敵として戦う同盟国でありながら、移民に関しては、中国も一九二四年の移民法で移民を禁じられた敵国日本と同じ差別的扱いを受けていたのである。

カール・カーティス下院議員は、日本人から「お前たちはなんてまぬけなんだ。アメリカはお前の敵だ。おまえたちの誰一人合法的にアメリカには入れないんだぞ」と中国人が言われたときのことを危惧していた。彼によれば、「もし中国が抵抗を止めて日本に加われば、アジア全体がそれに従う」のであった。カーティス議員は、「もしアジアの全ての黄色や褐色の人種が我々に向かってきたら、未来は真っ暗闇」であるから、毎年一〇五人［……］の中国人を合法的に入国させるよう投票することで、その危険性を取り除いたり減じたりできるなら、私はそうすると主張した。結局、これらの主張が通って中国人排斥法は廃止された。

カーティス議員の発言に続いて、ウォレン・マグナソン下院議員は、日本が中国で使用している宣伝小冊子の内容を紹介している。いくらアメリカは中国の同盟国であり、アメリカ人は中国人のことを尊敬していると語っても、中国人はアメリカに入国させてももらえず、ましてや帰化することもできないと書かれていた。その小冊子はまた、移民法から見えてくるのは、アメリカは中国人を望んでいるのではなく、単にアメリカ兵の代わりに中国兵を戦わせたいだけで、日本がつくる大東亜共栄圏にはそのような人種差別はないと謳っていたのである。

大東亜会議

一九四三年に入り戦局は枢軸国にとって悪化していた。ドイツ軍は東部戦線で大敗して守勢に転じている。また、北アフリカでも敗北し、連合国軍は、勢いを駆ってイタリアに上陸する。太平洋でも一九四二年のミッドウェー海戦で日本軍は大敗を喫し、一九四三年にはアッツ島守備隊が玉砕するなど日本軍は押されていた。

こうした厳しい戦況の中、日本政府はビルマやフィリピンの独立を承認した上で、一一月五日から東京で大東亜会議を開催することになる。日本からは東条英機首相が出席し、中国を代表して汪精衛、フィリピンのラウレルやビルマのバ・モーらが出席した。結局、日本、満洲国、中国、タイ、フィリピン、ビルマの代表が東京に集った。また、インドのチャンドラ・ボースも、オブザーバーとして出席している。

翌六日には、大東亜共同宣言が発表された。あらかじめ英訳も用意されており、宣言文が世界に向けたものであることは明らかであった。それによれば、米英は自分たちの国を繁栄させるために、他の国や民族を抑圧し、東亜に対して侵略と搾取を行ってきたのであり、日本はその現状を打破するために今の戦争に踏み切ったと開戦の理由が説明されていた。その上で、目指す目標として「人種差別を撤廃」などが挙げられている。[21]

大東亜会議に対して、米英の各紙の論調は、当然ながら総じて否定的であった。代表的なのは、『シカゴ・トリビューン』紙や『ニューヨーク・デイリー・ニューズ』紙の、「傀儡」の集会に過ぎないとみなす見方である。ボストンの『クリスチャン・サイエンス・モニター』紙は、「宥和主義者としての日本」と題する一幅の軽蔑的な絵を掲載した。それは、日本人を意味する吊り目が強調された和装の女性が二人背中合わせに座り、一方でアジアの人々に対して金をばらまき、他方で人形劇のように操っているというものである。その絵のキャプションには、「空手形……現金……占領された土地……『独立』―そして人形遣いは糸をひく」とあった。すなわち、日本人の主張にアジアの人々は心から従っているわけではなく、お金と独立という空手形でいうことを聞かせているだけだというのである。

しかし、そのように軽蔑的に見るにとどまらず、危険性を見出すものもあった。『ニューヨーク・ヘラルド・トリビューン』は、傀儡会議と見ながらも、守勢に立たされた日本は、これまでと異なりいかなる代償を払っても中国と手を結ぼうとするだろう、そうなれば極東の戦局は大きく変わってしまうと懸念している。『クリスチャン・サイエンス・モニター』紙も、独立という空手形を日本が欧米の植民地に与えてしまうことによって、宗主国が植民地に戻りにくくなるだろうと予測した。

「三大国」

もっと先を見据える論調も見られた。ＡＰ通信社のベテラン記者デウィット・マッケンジーの論説は、日本は「将来の人種戦争」に備えて大東亜会議を開催したとみなすもので、広く全米各紙で掲載された。日本人はすでにこの戦争では勝ち目がないことはわかっているので、未来における来るべき人種戦争において白人に勝つために、その布石として大東亜会議を開催しているというのである。さらに、会議の参加国のうち心から協力しているのはタイとビルマだけかもしれないが、不承不承にせよ他の国々も兎にも角にも日本人にかなりな程度まで協力しているのを見ると不安にさせられるとも述べ、そのような不安を拭い去るためには、西洋列強は東洋の同盟国の間に存在する不信と不安を取り除かなければならないとしている。その不信と不安とは、マッケンジーの観察によれば、東洋諸国は米英が彼らを搾取しようと意気込んでいるといまだに考えており、中国とインドですら大西洋憲章が西洋だけのためのものであり東洋のためではないことを恐れているということであった。そして、その論説は、「ジャップの反西洋ブロック」という構想をつぶしたいなら、そのような可能性を言葉でなく行動で取り除かなければならないと結ばれている。

今後の対日戦略について話し合うため一九四三年一一月にカイロで首脳会議を行うことが企画されると、チャーチル首相は、蔣介石の参加に難色を示した。中国戦線においてイギリス軍が蔣介石に無断で撤退するという先の例にも示されているように、イギリス側は、中国を連合国の重要な大国と見なしておらず半ば軽んじていることが要所要所に見られたのである。英政府と近い『タイムズ』紙も、将来を見据えた記事の中で、イギリスが将来に協力していくべき重要なパートナーとして、英連邦と米露を挙げるのみで、中国をそこに加えてはいない。

それに対して、中国が日本に寝返らないまでも、抗日戦を止めてしまう可能性を深刻に考えていたホーンベックは、危機感を抱いた。また、中国が連合国の主要大国でなくなれば、連合国の大国が白人国家のみとなり、自由と平等のためという大西洋憲章に掲げた大義が揺らぐと考えられた。彼は直属の上司であるハル国務長官に宛てた覚書の中で、「四大国の一員としての中国の価値、もしくは潜在的価値について、そして、もし中国がその中に含まれず、ただ西洋と白人のみが含まれるようなことにでもなれば生じることになる潜在的に大きな不利益」について、イギリス人に理解を促さなければならないと力説した。そして、そのような危険を避ける大きな手段が、カイロ会談に蔣介石を四大国の「名誉」会員として招くことであった。

しかし、そのようなうわべだけの行為を見透かしていたのは、先にオランダ亡命政府首相の発言を偽善的と指摘したインド紙『ボンベイ・クロニクル』であった。蔣介石がカイロ会談に参加したことについて「『三大国』であって四大国ではない」と題する記事を掲載した。そして、米英が意図しているのは、帝国主義的白人の世界と、平等を許されていない国々による従属国の二つの世界を構築することであるとし、中国は後者に属さざるを得ないとしている。そして、支配するのは中国を含めた四大国ではなく、「三大国」だと結論づけたのであった。

「白人を辱めることへの共感」

チャーチルは、アメリカ世論は、ソ連が連合国から離脱した場合よりも中国がそうした場合により動揺するだろうと観察し、それは馬鹿げていると考えていた。チャーチルは常々ソ連よりも中国を軽視していたということがたしかにあった。しかし、イギリス政府が、中国を軽視していたように見えるのは、必ずしも人種的要因を重要視していなかったからではなかった。むしろ、中国にあまりに大きな役割を世界戦争で与えてしまうと、戦後において厄介なことになるという考慮があったのである。チャーチル内閣のアンソニー・イーデン外相は、戦後極東において日本を監視するのに有用であるから、あらゆる方法で中国を強化したいと語るルーズベルトに対して、「中国人が太平洋をあちこちうろちょろするという考えはあまり好きではない」と反論していたし、また、イギリス議会でも「領土に関する中国の戦後の意図について極めて不吉な噂がある」と同様の懸念が表明されていた。

イギリス人の中国に対するそれらの人種的懸念の根拠の一つは、重慶からの外務省宛の報告に、日本軍がイギリス人捕虜を残虐に扱った時に、同じ連合国の同盟国であるにもかかわらず、中国側があまり反応せず、見方によっては、日本軍のイギリス人に対する残虐行為を許容しているともとれる反応を示していたとあることによる。日本軍による残虐行為に対するこのような中国側の無関心に対して、重慶の英大使館は、日本軍の米英人に対する残虐行為は、東アジアから白人を追い出すための一環として、白人を辱めることであり、それを中国人が高く評価し密かに共感している可能性もあると考えていた。

戦後、国務長官としてアメリカ外交を司ることになるジョン・フォスター・ダレスも、中国やインドの反白人的な機運が生じることを危惧し、また欧州列強の植民地に対する固執を苦々しく思っていた。ダレスは、作家で政治家でもある友人ブルース・バートンとの一九四四年の手紙のやりとりの中で、バートンの次のような見解に基本的に同意するとしている。

白人は東洋から出ていく方向にあり、将来長期にわたって少数の白人が港に立てこもって一五億を超す黒色や褐色の人々を支配することは決してないだろう〔……〕蘭英仏の再建のために東洋で我が国の若者が死んでいっているが、そのような犠牲は無駄だと思う。もしジャップが白人を追い出さないにしても、中国人とインド人がそうするだろう。[22]

大東亜各国大使会議

一九四四年夏にはマリアナ諸島が攻略され、米軍によって滑走路が整備されていく。そこからの本格的日本本土空襲がはじまると、日本国内の多くの都市が炎につつまれた。首都東京も例外ではなかった。

東京大空襲で首都の広い範囲が灰燼に帰したその一週間後、一九四五年三月一七日、最高戦争指導会議において「大東亜ノ結集ヲ一層強固ナラシムル為」四月中旬に東京で第二回大東亜会議を開催することが決定される。同時期に連合国がサンフランシスコで会議を開催することが意識されていた。しかし、制海権を失った日本に、遠く東南アジアなどから安全に出席者を招くことはもはや不可能であり、三月二九日の最高戦争指導会議において、その開催は延期とされる。

それに代えて、四月二三日、すでに日本国内にいる関係国の大使を集めて大東亜各国大使会議が開催された。そこでは、「国際秩序確立ノ根本的基礎ヲ政治的平等、経済的互恵及固有文化尊重ノ原則ノ下、人種等ニ基ク一切ノ差別ヲ撤廃シ、親和協力ヲ趣旨トスル共存共栄ノ理念ニ置クベシ」と宣言されるなど人種平等が謳われていた。また、「植民地的地位ニ在ル諸民族ヲ解放シテ各々其ノ所ヲ得シメ、倶ニ人類文明ノ進展ニ寄与スベキ途ヲ拓クベシ」とされるなど、より具体的に植民地解放が宣言されていた。

ドイツの降伏は時間の問題であり、日本の敗色も濃厚なこの時期に開催された大使会議は、ほとんどの欧米メディアから無視された。しかし、主要紙の中でロンドンの『タイムズ』紙だけは、「アジア人のためのアジア」と題する論説において真剣に取り扱った。その論旨は以下のようなものである。

たしかに日本の「アジア人のためのアジア」というスローガンは成功しておらず、今回の大使会議も、うまくいかなかった日本の大義を新たに世界に宣言するためのものである。ただ、日本は結局、アジア諸国を人種戦争にまとめることができず、アジア各地に必ず反抗する勢力がいたことを、連合国は軽蔑的に見ていればよいのではない。蔣介石が、頑なに連合国に留まってくれたことが日本から大義を奪い取ったことにまずもって感謝しなければならない。なぜなら、日本の方針自体は的外れだったのではなく、たまたま、日本人が自らの傲慢さによって「アジア人のためのアジア」を「日本人のためのアジア」にしようとしてしまっただけで、アジアの人々に、アジアの将来を決定づける自覚を促進したのは疑いないからである。それは、アジアの人々のナショナリズムの自覚と、部外者から正当な利益を守ろうという自覚であった。それゆえ、西洋列強はこの日本人による「アジア人のためのアジア」という壮大な試み全体をよく再検討しなければならない。なぜなら、人種的高慢は必ず自分に跳ね返ってくることの危なさをこれほど明らかに示しているものはないからだ。日本の降伏によって、黄色人種の白人に対する逆襲は挫折した。しかし、日本は「アジア人のためのアジア」を「日本人のためのアジア」としてしまった故に失敗したものの、白人の高慢はしっぺ返しを受けかねない。——この『タイムズ』の指摘が的を射ていたことは徐々に明らかとなる。

トルーマンのラブレター

一九四五年五月にはドイツが降伏し、残るは日本だけとなった。そして、原子爆弾の準備は着々と進んでいた。

六月六日の時点で、スティムソン陸軍長官がトルーマン大統領に向かって、引き続き行われていた日本への爆撃が、できるだけ狭い範囲に行われる精密爆撃となるようにしたい理由を述べ、あわせて原子爆弾に関する自らの考えを露にしている。長官は大統領に「用意が整う前に、空軍が日本を爆撃しつくしてしまい、新兵器がその威力を示すための十分な舞台がなくなってしまうのではないかと少し懸念するのです」と述べているのである。それに対して、トルーマンは笑い、わかっているよと答えたという。ここからは、スティムソンが大量殺戮兵器の使用に対してとくに躊躇していないことがわかるだろう。トルーマンはかつて一九一一年、妻となるベス・ウォレスへのプロポーズの手紙の中で次のように書いている。

私はこう思うんだ。正直で慎み深くあれば人間なんてみないいものだ、ただし黒んぼ《ニガー》とチャイナマンを除いてはね。神は塵から白人を造り、泥から黒人を造り、残りを放り投げたらチャイナマンになったとウィルおじさんは言う。おじさんは、中国人とジャップが大嫌いだ。私もだ。それは人種偏見だと思う。でも、黒人《ニグロ》はアフリカに、黄色人はアジアに、そして白人はヨーロッパとアメリカにいるべきだと強く思うんだ。[23]

トルーマンは、そのような人種差別的考え方をその後も改めなかったようである。原爆投下直後の八月一一日に書かれた全米キリスト教会評議会事務局長のサミュエル・カバート宛の書簡において、日本人は言葉で説いてもだめで爆弾を落とされないとわからないと投下の理由を述べた上で、「けだものを扱うときには、けだものとして扱わねばならない。とても残念だがそれが真実なのだ」と書いている。それらのことを考え合わせると、彼がスティムソンに対して笑いながらわかっていると答えたことの意味が見えてくるのではないだろうか。原子爆弾が投下されたのち、カナダのマッケンジー・キング首相は、もしドイツが先に原爆の開発に成功していたら「英国人種」の上に炸裂していたかもしれないという可能性に思いをはせ、「その爆弾の使用が、ヨーロッパの白人種に対してではなく日本人に対してなされたことは幸運であった」と安堵した。正直なところであろう。

第5章

消えない恐怖

冷戦下の日米関係

追い詰められた日本は、遂にポツダム宣言を受諾するに至った。焼け野原になった日本が降伏し米軍を中心とする連合国の占領下におかれると、当然のことながらそれに伴ってアメリカに日本脅威論は見られなくなった。

『サンフランシスコ・エグザミナー』紙などを中心に、戦前に日本脅威論を盛んに唱えてきたハースト系新聞グループは、日本降伏直後、グループ内の週刊誌面において見開きで、「五〇年以上にわたってハースト系新聞は日本についてアメリカに警告し続けてきました」と大書された自社広告を掲載した。そこには、それまでいかにハースト系出版物が、日本の脅威を警告し続けてきたのかが年表形式で紹介され、その先見の明が自賛されていた。それによれば「太平洋におけるアメリカの企図や利害に対する日本の『黄禍』を最初に指摘」したのは一八九〇年代のハースト系新聞とされた。

また、日露戦争終結時に掲載していた、朝鮮半島に立つ日本兵の影がフィリピンを経由してアメリカ大陸にまで達している予言的寓意画を再掲し、いかにハースト系メディアが正確に将来を見通していたかを強調した。そして、その「素晴らしく正確な見通し」の下、日本を撃破したため、ついに黄禍の憂いのない平和が訪れたというのであった。日本移民の脅威以来、黄禍の危険を警告し続けてきたハーストグループが誇らしげに勝利を宣言したように、日本を降伏に追い込んだアメリカは、戦後、日本をコントロール下に置き、同じ連合国であった中国とは国民政府との友好関係を維持させることで、中国に軸足を置きつつアジアとの良好な関係を保ち、黄禍論的恐怖からは解放されるはずであった。

ただ、日本は米軍の占領下にありつつも、アジアの国としての意識を忘れてしまったわけではなかった。一九四六年に書かれた外務省の文書には、早くも「東亜ノ安定勢力」となろうとする自負がみてとれる。戦前の雰囲気を漂わせるこのような文言は、その後、外務省の文書からは長期間消え去ることになる。しかし、そのような考えは忘れ去られたわけではなく、ふたたび現れるのは日本が実力をつけてからになる。占領下の日本にとってそのような考えをもつ事すら許されず、表明するなどもってのほかであった。そうしてアメリカの日本に対する脅威論はしばらく影をひそめることになる。アメリカは、日本を非軍事化し、国際連合の常任理事国となった中華民国を東アジアの軸として、友好関係と影響力を維持し続けるつもりであった。それにより日中合同という黄禍論的悪夢は雲散霧消していくのである。

インドのイニシアティブ

日本がアメリカの占領下におかれ、中国では内戦が続いていた一九四〇年代後半に、アジア主義的な動きを積極的に見せたのはインドであった。インドの指導者ジャワハルラール・ネルーは、一九四七年初頭にニューデリーでアジアの国々による会議を開催するとして参加を呼びかけている。ようやくイギリスからの独立を果たそうという新興インドの思い切った動きに、西側指導者の間に動揺が広がった。その理由の一端は、インドのそのような動きの中に反西洋的なものを感じとったことにある。

白人が主導権を握る国でありながらアジア太平洋地域に孤立して位置するという特殊性から、オーストラリアとニュージーランドの二ヵ国はもっとも敏感であった。二国はインドが呼びかけたこの会議に招待されたものの、そこに白人国を排除しようとしている意図を感じとり、オブザーバーの派遣に留めている。欧米のメディアも、ネルーの呼びかけに危険な匂いを感じ取った。

ハースト系各紙は特派員電として、「インドでアジア会議が招集され欧州の外交界は動揺している」などと題して、ネルーが一二億人のリーダーとして、突如として現れたことがヨーロッパの外交界に相当の驚きを引き起こしていると報じている。カナダの『ウィニペグ・フリープレス』紙は、会議の招集が呼びかけられた段階で、すでにその歴史的意義を展望していた。それによれば、この会議開催にむけた呼びかけの動きはほとんど進捗しているようには見えないが、「世界史においてもっとも重要なものの一つとなるかもしれない運動の弱々しい成長の端緒をあらわしている」かもしれず、「西洋世界において、危険覚悟でそれを無視することになる」と書いている。

その記事では、世界の人口の半分を占めるアジア人との間に人種によって亀裂が生じるなら、それはソ連と西側との断絶のようなものではすまないという予言もあった。アジアは統一に向かっており、その動きが西洋との平和的結びつきをもたらすものではなく、人種主義に対する復讐や西洋文化に対する闘争といった形でなされるなら、西洋世界にとって残念なことになるだろうし、その点が、ネルーが呼びかけた会議の背後にある問題であるとまで言い切っているのである。また、欧米宗主国から独立していくアジアに対して欧米が敵対的であり続けるなら、対ソ冷戦とは比べ物にならない世界的分断となると危惧している。

一九四七年三月二三日にニューデリーで実際に会議が開催された。ネルーは開会の挨拶で、まずはこの会議が欧米に敵対するものではないことを強調し次のように述べた。

この会議のニュースが海外に広まるや否や、欧米の人々の中には、これが欧米に敵対的に向けられた汎アジア運動のようなものに違いないと見なした人々もいました。我々はいかなる相手に対しても敵対する意図は持っていません。我々の意図は、世界中で平和と進歩を促進する偉大なる構想なのです。[24]

ネルーの呼びかけた会議がはじまると実際にアメリカでも多くの主要紙が、「アジア会議、デリーで開催」「ネルー、アジア二〇ヵ国に平和への連帯を呼びかけ」などといったような見出しで会議の開催を報じた。中には、力の中心がヨーロッパからアジアに移りつつあるとか、世界の人口の半分がアジア会議に加わっているなどという側面に注目するものもあった。

アメリカ東海岸の有力紙『ボルチモア・サン』は、西洋世界のアジアとの歴史の絡みという視点からこの会議を見ていた。その記事はまず、第二次世界大戦は日本にとっては搾取を目論む大東亜戦争であったが、そのような日本の偽善的主張においてすら、全てのアジアの諸国民の政治経済的独立への要求だけでなく、アジア内でのさまざまな経済体制の統合と協力だけがそのような独立を安全で有益なものにするという、より漠然とした感覚にも敬意が払われていたと指摘する。そして、いまやデリーに集った日本を除く二五ものアジアの諸国民の指導者たちは、かつての日本の大東亜省の役人よりも、アジアの諸問題の解決はロンドンやワシントンではなく、アジアで行われるべき必要性を認識していると観察した。

そしてこの記事の最後には、ネルーの演説に目が向けられている。多くの人々が注目したネルーの演説の、西洋に敵対する意図はまったくないという部分ではなく、「アジアの国々はもはや他者による手先として使われることはありません」と主張している部分に注目して、次のように結論づけた。

実際的な成果は、この第一回会議からはほとんど期待できないだろう。しかし、西洋や東洋の帝国主義的な大国によって束ねられるのではなく〔……〕全てのメンバー国の協力という願いによって束ねられた、戦後アジアの象徴として、それはアジアの新時代の希望に満ちた兆候である。[25]

すなわち、インドでの会議をアジアの西洋との関係の大きな転換のはじまりと見なしたのであった。西洋がもはや第二次世界大戦以前のアジアとの関係に戻れないことは明らかだった。

中華人民共和国成立

ニューデリーでの汎アジア的会議開催の翌々年、中国では内戦に勝利した共産党によって中華人民共和国の建国が宣言された。国民党をあてにしていたアメリカには大きな衝撃であった。友好国として対アジア関係の要となるはずの大国が、冷戦における敵側の国となって立ち現れたのだ。

アメリカは中国大陸の共産化を受けて、東アジアの共産化を防ぐ橋頭堡として、日本を利用せざるを得ない状況に追いやられた。この時期、アメリカにとって日本はもはや脅威の対象であるどころか、戦後の混乱の中、国民は飢えにあえぎ、アメリカの支援なしには立ち行かない状況にあった。日本を復興させるには貿易が必要であった。しかし、中国の共産化によって、戦前のような中国大陸との貿易は難しくなった。そのため、東南アジアとの貿易の可能性が考えられた。連合国軍最高司令官総司令部で日本占領にあたったフィリップ・テイラーは、日本の余りの窮状に、「われわれは日本を旧大東亜共栄圏のなかに戻さなければならないのではないか」とさえ記している。

同じころ、日本の産業を復興させるためにトルーマン大統領からマッカーサーの金融顧問に任命された銀行家ジョゼフ・ドッジは、日本の産業を回復させることで、復興した日本は西側と密接に結びつき、共産主義の「汎アジア的動き」に対抗する存在となるだろうと述べている。つい数年前までは、日本はアメリカに敵対する汎アジア的動きの元凶であり、その大東亜共栄圏は倒すべき相手であったのが、いまや警戒すべき汎アジア的動きをなすのは中ソを中心とする共産主義勢力であり、日本はそのような動きに対してアメリカを守るために必要不可欠だというのである。共産主義者による汎アジア的動きを押し留めるため日本に大東亜共栄圏を、その一部であるにせよ、日本のために差し出すといったこれらの表現は、事態が数年で大きく変化したことを象徴的に示していた。

朝鮮戦争の勃発

東アジアにおける自由主義と共産主義との対立は早くも一九五〇年に戦争へと発展する。六月の朝鮮戦争勃発は、対日講和条約の締結と日本の再軍備をアメリカにとってより切実なものとした。一時は半島のほとんどを北に占領されるまでに追い詰められたアメリカとしては、反抗の助けとして日本の協力を望んだ。

『ニューズウィーク』誌の一九五一年一月二二日号は、「吉田――元の敵は最新の味方?」とのキャプションを付して紳士然として微笑む吉田茂を表紙に掲載し、「日本――その未来は西洋と共にある」と題する記事を掲載した。その記事は、日本の文化は中国やインドに由来するが、いまや西洋へと向いているとし、吉田茂を「日本のチャーチル」と持ち上げて高く評価していた。

また同誌は、警察予備隊が行進する写真を掲載し、「日本のいまや生まれつつある陸軍が、アメリカの軍服を身にまといアメリカの銃を持って米軍キャンプから行進してくる」とキャプションを付している。その上で、もはや世界対決が、日米の異人種異文明間の対決ではなく、自由主義と共産主義の間の戦いであるとの見方を示し、そうした情勢の中、日本を自由主義の側に取り込まねばならないと論じた。中国と組んでの日本との戦いが終結してからまだ五年ほどしか経っていないにも拘わらず、今度は日本と組んで中国と敵対することになったのである。

インドの講和会議不参加

アメリカが再軍備と共に日本に求めたのは、自由主義陣営におけるアメリカの同盟国としての国際社会への復帰だった。ジョン・フォスター・ダレスの努力が実り、一九五一年にサンフランシスコで講和条約が締結されることになる。

アメリカが承認していたのは台湾に逃れた中華民国である一方、北京には中華人民共和国があったため、中華人民共和国と中華民国には招待状が送られなかった。また、インドは招待された。英国から独立を達成した巨大なアジアの民主主義国として自由主義陣営の一翼を担うことが期待されたインドは、当然喜んでこれに参加の意を表明するものと考えられた。ところが大方の予想に反して、インドのネルー首相は、不参加を表明した。日本に引き続き米軍基地が置かれ米軍が駐留することや、沖縄や小笠原諸島が引き続き米国の統治下に残ることなどが理由であった。

このインドの反応に驚いた米国務省は、日中印をひとまとまりの勢力圏としようという大きな計画が背後にあるのではないかと危惧しさえもした。公表された国務省のメモは、この講和条約は全ての点において完璧とはいえないかもしれないが、兎にも角にも講和条約であって、次の戦争の種を含まないようにするのが重要であると述べるに留まった。しかし、『シカゴ・トリビューン』紙などが見て取ったように、そこにインドに対する「不快感」が含まれているのは明らかであった。とくに国務長官顧問として講和条約作成を主導したダレスは、そのようなネルーの説明に納得せず、ヴィジャヤ・ラクシュミ・パンディット駐米インド大使に対して、インドは中国の「アジア人のためのアジア」というスローガンに好意を示し、アジアにおけるアメリカの影響力を終わらそうと望んでいるようだと不満を述べている。

米国内の世論もインドの態度に当惑した。『ボストン・グローブ』紙は、「アジアにおける意見の不一致」と題して、インドの不参加を「不運」と表現した。『ニューヨーク・ヘラルド・トリビューン』は、将来の戦争の芽を取り除く平和条約という根本的な問題をインドが理解しないのには「狼狽させられる」と書いて、「不可解なインド」とまとめた。より痛烈だったのは『ニューヨーク・タイムズ』で、「堕ちた指導者」と題して、ネルーは「アジアの指導者の地位をつかむかわりに、責任に背を向けた」として、「歴史はそれを許さないだろう」とまで言い切った。冷戦の最中に、アメリカが主導する対日講和会議を欠席するような行動をとることは、アメリカ人には裏切り行為と映り、肌の色がイデオロギーを超えるのではとの不安を刺激したのである。これまでにもよく使われてきた表現を借りれば、血は水よりも濃いのではないかというのである。

ダレスは、サンフランシスコ講和条約の調印をインドが拒否したことから、インドが、「アジア人のためのアジア」スローガンのもとアジアを反西側で結束させようとしている中華人民共和国の方に傾いていると解釈した。ダレスによれば、インドがそのように行動したのは、異人種からなる戦敗国との間にアメリカが「友好的連携」を発展させることは実現不可能とインド政府が考えていたことが根幹にあった。

そしてダレスが懸念することには、そのようなインド政府の考えが正しいことが証明され、アメリカに代表される西洋人が敬意と平等の原則の下に東洋人を扱うことは生まれつきできないだろうということがアジア全域に示されるならば、アジア全体にとって深刻な影響をもたらすだろうということであった。そのようなことになれば、共産主義者の指導の下に、全てのアジア人が反西側で連帯するであろうからであった。そのような事態は、戦前戦中にかけて「アジア人のためのアジア」という同じスローガンでもって日本が試みたことよりもさらに危険なものとなるだろうとダレスは危惧したのである。日本が試み、失敗したアジア連合が、日本よりも遥かに巨大なアジアの大国インドによって形成されようとしていると恐れたのであった。

頭をもたげる「アジア人のためのアジア」不安

日本との厳しい戦争に勝利し、勝者としての立場に慣れていた米軍は、日本の手綱を緩めることを望まなかった。日本を親米勢力として国際社会に復帰させるべく、日本との講和条約に取り組んで来たジョン・フォスター・ダレスは、その間、占領軍として思いどおりに日本人を支配することに慣れた米軍の、日本人を見下す態度が根深いことに困惑していた。

講和条約を結ぶにあたって、アメリカも日本を「主権ある対等な相手」として扱わなければならないのは当然とダレスは考えていたが、勝者として、征服する側として日本人と接してきた米軍のそのような態度を変えるのは容易なことではなかった。米国防総省は、米兵が日本国内で犯した罪についての裁判権を日本に引き渡すことに抵抗した。

ダレスは、「敗北した敵であり、西洋人よりも資質で劣る東洋人として」日本人を扱うことを米軍に止めさせなければならないと考えた。そうでなければ、日本人は不平等条約の時代に戻らされると考え、アメリカに対して強くわだかまりを持つようになると考えたからである。

しかし、国防総省の抵抗は強く、結局、日米安保条約とセットとなる、日米行政協定が一九五二年二月二八日に締結された。それは不平等条約時代と同等とはいわないまでも、日本における米軍関係者の裁判権がアメリカにあるとするなど、極めて不公平なものであった。

日本を不平等に扱うことの影響がアジア全体に波及することをダレスは恐れていた。共産化した中国が、アメリカの日本人に対する不平等な取り扱いを好都合な宣伝材料とすることをとくに懸念したのである。極東問題担当国務次官補であるディーン・ラスク宛の覚書の中で、ダレスは次のように書いている。

この件［日米行政協定］は、単に日本における我々の立場に関わるだけではない。アジア全域にわたって大きな意味合いを持っている。中国の共産主義者たちは、「アジア人のためのアジア」という日本の古いスローガンを用いて、あらゆる西洋の影響を暴力的に取り除くために全アジアが立ち上がるよう結集を呼びかけている。[26]

戦争中は中国が日本の「アジア人のためのアジア」に引き寄せられることを懸念したアメリカは、今度は日本が中国の「アジア人のためのアジア」に引き摺られることを懸念した。人種的紐帯がイデオロギーを超えることを否定しきれなかったのである。

こうしたいきさつを経ながら、前年に締結されていたサンフランシスコ講和条約が一九五二年四月二八日発効し、日本は主権を回復した。

中国貿易への渇望

中華人民共和国建国直後から日本国内には大陸中国と交流すべしという考えが根強くあったが、日本が主権回復を果たすと、さっそく一九五二年六月一日、高良とみ・帆足計・宮腰喜助ら野党国会議員が、政府の方針に反してソ連経由で北京に入り、第一次日中民間貿易協定を締結した。

一方、アメリカは朝鮮戦争において北を中国が支援したこともあり、共産勢力封じ込めを狙う意図から、ココム（対共産圏輸出統制委員会）の中に、特別に対中輸出を扱う、チンコム（対中国輸出統制委員会）を設置し、日本に対して四〇〇品目もの対中輸出制限を課した。にもかかわらず、そのアメリカの意図を無視するかのように、一九五三年になると朝鮮戦争停戦に伴い、七月二九日に衆議院本会議で、そして翌三〇日には参議院本会議で、以下の「日中貿易促進決議」が全会一致で採択された。

　政府は、すみやかに日本と中華人民共和国との貿易上の障害である貿易制限を当面少くとも西欧並みとし、相互に通商するための渡航制限を緩和するなど日中貿易促進について適切な措置を講ずべきである。[27]

　それに伴い、池田正之輔に率いられた日中貿易促進議員連盟代表団が訪中し、一〇月二九日第二次日中民間貿易協定が結ばれた。この協定の付属書には、貿易代表機関が日中両国に設置されることが定められていた。そのような準外交的性格はアメリカ政府を苛立たせた。

　一九五三年三月五日にスターリンが死去すると、中ソによる「平和攻勢」が強められた。一九五四年一〇月には、中国を訪問したフルシチョフは周恩来と会談し、中ソ共同宣言を発表した。加えて主に日本を標的とした中ソによる共同宣言も発表された。それは、日本がいまだアメリカの半占領状態下にあるとし、対日国交正常化を望むと表明された。これを受けて、この年の一二月に吉田茂に代わって政権を担った鳩山一郎は中ソとの関係改善に前向きな姿勢を示し、アメリカ政府は神経を尖らせることになる。ダレスは、日本政府はアメリカに日米安全保障条約を日本に有利な形で改訂させるため、ソ連との関係を梃にしていると考えた。ただ、アメリカ政府は日本のソ連との交渉を敢えて妨害するようなことはなかった。それは、日本が中華人民共和国に接近した時に示す執拗な警告とは対照的であった。

「大陸からの牽引力」

日本に対して北京政府とつき合わないよう促し、政治的関係のみならず貿易関係をも止めようとするアメリカ政府の強硬な態度に日本の政治家の多くは困惑していた。日本側が政治的関係を深める意図はなく、民間による貿易を進めるだけと繰り返し説明しても、アメリカの疑念は晴れなかった。

そのような疑念の背景には、日中の文化的人種的近さを重要視するアメリカ側の見方がある。日中貿易の拡大を進めようとする日本の姿勢に、中国の巨大さと文化的人種的近さから、徐々に日本をはじめとする周辺諸国が共産中国に飲み込まれるのではないかとの懸念があったのである。

とくに文化的に近いと考えられる日中の親和性に対する懸念はアメリカの外交官によって持たれ続けていた。たとえば、一九五四年一〇月に駐日米国大使館のジェイムズ・グラハム・パーソンズ臨時代理大使からの国務長官宛電文に同封された「日本に関する米国の政策の予備的再評価」と題する報告書にもそのような懸念が見て取れる。

この報告書は駐日米国大使館の一等書記官であったウィリアム・レオンハートによって作成された三部からなる長文である。西洋と東洋どちらからも見捨てられ、「太平洋の孤児」になってしまう可能性を日本側が恐れているということをレオンハートは懸念した。そしてさらに彼が憂慮するのは、そのような状況下において、中国からは日本を引き寄せる「大陸からの牽引力」ともいうべき力が働いているということであった。

「日本の中国観にはある特殊な性質があり、それはすなわち、文化、血縁、伝統、個人的経験、そして安楽な生活ができた最近の記憶などによる結びつきを伴って大陸に向かう重力による牽引力があるということなのである」、そして、そのような性質は、西洋と東洋の架け橋になろうという考えに行き着き、日本を西側から引き離し中立主義へと持っていきかねないとレオンハートは警告した。こうした、人種的にも文化的にも近い中国に日本が引き寄せられるという見方は、レオンハート書記官に限ったものではなく、本書でここまで述べてきたとおり、時代を通じて見られるものである。

バンドン会議の示す未来像

一九五四年、インドネシアのバンドンでアジア・アフリカ会議が翌年四月に開催されることが発表される。この会議は、中国の周恩来、インドネシアのスカルノ、インドのネルーなど、いわゆる第三世界の指導者たちによって支援されていた。アジア・アフリカの諸国が一堂に会する国際会議、それも中国を北京政府が代表するという会議開催の発表に、アメリカ政府は、その考えうる影響と会議開催に向けた各国の動きを警戒した。

米国務省がまずもって注意を払ったのは、会議における共産主義の影響である。記者会見でダレス国務長官は、件の会議はアメリカの関心事でも無く、また、合衆国はアジアの国でもアフリカの国でもないので当然招待もされてはいないと平静を装ったが、国務省は、北京政府がこの会議を「利用する危険性」を深刻に受け止めていた。とくに、アジア・アフリカの共産主義国と非共産主義国の間にまとまりがあるように見せたり、アジア・アフリカの自由主義諸国と西洋との間に分断があるように見せたりすることに成功するのではないかと懸念している。

朝鮮戦争終盤に、アジアに起こりうるべき未来として、共産中国に代表されるものと、民主主義インドによるものという二つの可能性について語っていたダレス国務長官にとって、バンドン会議の計画は、対立すると思われていた共産中国とインドというアジアの二大超大国が、協力してアジアを差配するという悪夢のような未来を示しているように思われた。一九四七年にインドが汎アジア的会議を開催した時は、中華人民共和国はまだ存在していなかったが、いまや世界最大の人口を有する中華人民共和国と二番目に人口の多いインドが結びつく未来が間近に迫っている。そしてその未来のアジアとは、当然西洋の支配と影響力が排除されたものであり、そのような陰鬱とした未来像にダレスは心中おだやかでなかった。第二次世界大戦中に日本によってふりまかれ、日本の敗北と共に消え去ったはずの汎アジアの亡霊が脱植民地化の動きの中で、ふたたび立ち現れているように思われた。

アメリカ政府は当初、自由主義陣営の友好国に会議出席を思いとどまらせるか、それともアメリカの意向に沿った行動をさせるため積極的に出席を促すか決めかねていた。一九五五年一月に国務長官室で開催された会議で、ダレス長官は、バンドンに集う諸国が、西洋諸国の参加のないまま集会することを習慣とするようになると、「膨大な人口ゆえに」インドと中国がその場で支配的になり、その副産物の一つとして、国際連合の票決において強固な反西洋ブロックが形成されるようになるだろうと危惧した。日本については国務省としては、日本が同盟国アメリカではなく、同じアジアの大国で会議を主導している中国やインドに引き寄せられることを懸念したのであった。

苛立つアメリカ

このアジア・アフリカ会議については、共産主義の脅威に加えて、人種的観点からの危険性を懸念する傾向がアメリカのマスメディアにも見られた。戦前には日本の汎アジア主義に懸念を表明していたボストンの歴史ある日刊紙『クリスチャン・サイエンス・モニター』紙は、「西洋は排除されている。世界の有色人種の国々に重きが置かれている」と警告した。

ダレス国務長官は、日本の井口貞夫駐米大使に対して、バンドン会議では「アジア人のためのアジア」という教義が叫ばれるだろうが、そのような教義は、アメリカとアジア諸国との繋がりを絶つことを意図したものだと釘を刺している。また、ダレス長官は、バンドン会議開催直前にも、イギリスのロージャー・マーキンス大使との会談において、自らが感じているバンドン会議に対する人種的懸念を明らかにしている。ダレス長官は、汎アジア運動を推し進めているアジアの勢力が存在し、その運動はその性質も考えも反西洋的であると感じていると述べた。そして、バンドン会議を前にして、汎アジア主義の問題が悪化しないように、英国が友好的なアジア諸国への影響力を発揮することを望んでいるとマーキンス大使に伝えたのである。

ダレス長官は、翌々日のレバノン大使のチャールズ・マリク博士との会談においても次のように述べて、人種的危険性を強く認識していることを示した。すなわち、アジアにおいて、反西洋的で「反白人」的な道筋を辿る傾向がこの会議によって強固に打ち立てられるかもしれないという非常に現実的な危険があると指摘した上で、過去のアジアにおける西洋列強の記録には、残念な過ちが無いわけではないと認めつつも、アジア・アフリカ諸国が同じ過ち、すなわち、とくに白人を敵視するという逆向きの人種主義に陥ることによって、得られるものは何もないと述べたのである。そして、もしアジア・アフリカ会議において、西洋が行った悪い点だけがあげつらわれるようなことがあれば、「アジア人のためのアジア」の動きに勢いを与えることになると警告している。

またダレスは、西洋は「人種的優越」の感覚をこれまで示してきたと認めつつも、同時に、人類の福利安寧の向上や、技術的、物質的な面での進歩にも貢献してきたと西洋を弁護する。これに対しマリク大使は、アジア諸国に影響力を行使する場合は、「アジアの反白人人種主義」を刺激しないよう十分注意する必要があるとコメントした。

結局、親米アジア諸国の動きもあって、バンドン会議はダレス長官が最悪の事態として恐れたような白人諸国に対する非難大会にはならなかった。しかし、アジアにおいて人種の違いに沿って中立主義が大きな影響力を持ちうることが示され、アメリカ側の懸念は続くことになったのである。

この会議期間中、日中が接近を図っていたこともアメリカを苛立たせた。周恩来と高碕達之助経済審議庁（経済企画庁の前身、経済安定本部の後継部局）長官が偶然を装って四月一八日にホテルのロビーで出会い、四月二二日に会談が実現したのである。しかし、話し合いの内容が貿易を越えて、政治問題に入ると、アメリカ側と連絡をとりつつ成り行きを観察していた日本外務省関係者によって、予定されていた以降の会談が中止された。米国務省関係者は、外務省幹部を通じて、日本が中国と密に接近することのないようにコントロールしていたのである。

日本外交へのアメリカによる掣肘

アメリカ側の牽制にも拘わらず、日本と大陸の貿易面での関係は引き続き進展を見せていた。一九五五年、中国の貿易代表が来日し、日本側の国会議員団と実業家からなる貿易促進協会と東京で協議し、五月四日、第三次日中民間貿易協定が締結された。

この協定の第一〇条に、「互に相手国に常駐の通商代表部を置くこと、日本側の常駐の通商代表部は中国の北京に置き、中国側の常駐通商代表部は、日本の東京に置くこと。双方の通商代表部及び部員は外交官待遇としての権利が与えられること」とあったことが、アメリカ政府を大いに刺激した。外交官待遇の代表部を相互の首都に置きあうことは、外交関係を意味し、中華人民共和国承認につながる、それはまさにアメリカ側がもっとも懸念したことである。

ダレス国務長官、アリソン駐日大使らアメリカ高官は、日本政府に対してさまざまなルートを通じて警告している。この時期、北京政府は畳みかけるように一九五五年八月一七日と一一月四日、二度にわたって日本政府に対して国交正常化に向けた交渉を申し入れていた。それに対し、翌年二月三日の衆議院外交委員会で重光外相は申し入れを受けていないと否定している。アメリカの手前、認めるわけにはいかなかったのであろう。

対ソ関係においてもアメリカの影響力は大きかった。この時期、鳩山一郎首相は、吉田茂もなしえなかった業績として、ソ連との和解を模索していた。日本政府がソ連と平和交渉をすること自体にはアメリカ政府は反対しなかったが、事の成り行きを注視していた。そして、ソ連の妥協を受けて、歯舞・色丹を返還する代わりに、国後・択捉をソ連領と認めるという妥協を図ろうと考えていた重光外相に対して、ダレスは、日本が千島と南樺太におけるソ連の主権を認めるようなことをすれば、沖縄は返還しないと恫喝した。結局、一九五六年一〇月一九日、日ソ共同宣言への調印がなされ、領土問題は棚上げしつつ国交が回復されることになった。

外務省もアメリカの意向に何から何まで沿っているわけではなかった。一九五七年九月には外務省から外交青書第一号となる『わが外交の近況』が刊行されたが、その総説に挙げられた「外交活動の三原則」の中に、「自由主義諸国との協調」と共に「アジアの一員としての立場の堅持」が掲げられた。そこには、日本は「アジアの一員として、アジアと共に進む立場を取っている」と明示されていた。

これは一九四六年の「東亜ノ安定勢力」となろうとするという外交文書を思い起こさせるものであるが、そのような文言がふたたび現れるのに一〇年以上の歳月を要したことがわかる。ただ、この時点でも日本はアメリカの圧倒的影響下におかれており、このように書く事はこの時点でも思い切りのいることであったはずである。実態は遥かに遠かったが、心意気を表したものであったといえよう。

裏庭の溶鉱炉

中国の桁外れの人口の多さについての恐怖の念は、欧米において一九世紀から持たれ続けていたが、戦後になってもそれは生き続けていた。そして何らかのきっかけがあるとその恐怖が表出するのであった。

それが典型的に表れたのが、経済大国へとのし上がるための大躍進政策の一環として、一九五八年一〇月に中国が国民全体が裏庭の溶鉱炉で鉄鋼を生産することで、生産量を莫大に増加させようという計画を発表したときである。その人口を考え合わせて潜在的生産力を計算してアメリカ人は恐怖に駆られた。

西側のジャーナリストとしてはじめてソ連に入ったことで知られるジョン・ストロームは、実際に中国を訪れて、「農場で、学校の遊び場で、大学の構内で、そして空き地で」溶鉱炉が煙を上げており、滞在中だけで一〇〇〇以上の溶鉱炉を見たと書いている。その記事は、「赤い中国人は裏庭の鋼鉄をあてにして進めている」「赤い中国は多くの溶鉱炉を稼動させている」「裏庭の鋼鉄は中国で作られつつある新産業の多くの基礎である」などといった見出しと共に、全米各地の数多くの新聞に大きく掲載された。

『ニューヨーク・タイムズ』の特派員を長年務めた著名なジャーナリストであるティルマン・ダーディンは、「五〇〇〇万人が赤い中国で鋼鉄をつくる」と題する記事を書いている。この記事によれば、学童や高齢の女性、ビジネスマン、政府高官、兵士に主婦までがこの計画に参加しているとされた。そして、そこには、北京ではここ数週間で六〇〇〇もの小型溶鉱炉が作られたとか、長春では二日で二八五五もの溶鉱炉が作られたとか、驚異的な数字が並んでいた。

ボストンの著名な投資家ジョン・ハリマンは、中国の大躍進を評価する記事を『ボストン・グローブ』紙に寄稿し、「その中でももっとも目覚ましいのは、中国は今年、一〇五〇万トンもの鋼鉄［……］それはイギリスの生産量の約半分［……］をおそらく生産するだろうということで［……］しかも、それは大きな現代的溶鉱炉によるものでなく、中国全土に散在する一万七〇〇〇もの小型の溶鉱炉と、四〇万と見積もられる、ある種の日曜大工的な裏庭の鋼鉄生産用窯によるものである」と書いた。

これらの記事に米英の人々は恐怖に駆られた。冷静になって考えてみれば、裏庭にもうけた急ごしらえの炉で、学童や高齢の女性まで駆り出して、質の高い鋼鉄の生産ができるわけも無く、この計画は程なくして、失敗のうちに中止されることになる。ただ、このような杜撰な計画に、大きな可能性を見出して、大きく取り上げざるを得なかったこと、とくに数に拘ったことに、中国の人口の多さに対する黄禍論的思考の継続を見ることができよう。

ケネディとジョンソンの民主党政権

日本が中国に引き寄せられないよう、ホワイトハウスは、日米の貿易摩擦や、米国内の反日的動きが、対日関係に影響を与えないよう火消しに追われていた。

一九六〇年一一月の大統領選挙で当選した民主党のジョン・F・ケネディによる政権も、同年六月に訪日したホワイトハウス報道官ジェームズ・ハガチーが日米安保条約反対デモに取り囲まれ米海兵隊ヘリで救出されるに至った、いわゆるハガチー事件などで傷ついた日米関係の改善を目指し、また、日本製品の流入を危惧する国内繊維業者の動きや、その他の反日的動きに対しても、それらを抑え込むように動いている。

カリフォルニア州選出のジョン・ボールドウィン共和党下院議員は、日本製品からの国内繊維産業保護を念頭に、ケネディ政権発足直後に、軍関係による外国製品の物資の調達を禁じるために、大統領令一〇五八二号を修正するよう要請する書簡を書いている。それに対して、ローレンス・オブライエン大統領補佐官は、保護主義への回帰は貿易赤字解消の手段ではなく、そのような政策は報復を招き、アメリカの輸出を害するというのが大統領の考えであると返答している。国内の不満より外交関係を優先させた対応であった。

その少し後には、ニューヨーク州選出で民主党のレオ・オブライエン下院議員から、真珠湾攻撃の日である一二月七日を「恥辱の日」と定め、その日に亡くなった人々のために日の出から正午まで全米の星条旗を半旗とするよう大統領が声明を出すよう提案してくれないかという依頼が大統領補佐官の元に届いた。この提案は、ニューヨークのカトリック退役軍人会の支部からオブライエン議員への要望が元になっていた。それに対して補佐官は次のように返信している。

一九四一年一二月七日については我々皆が同じように感じているものと私も思います。しかしながら、我々は今や日米関係を改善しようと試みており、毎年日本人を罵倒することがその目的達成のためになっているとは私には思えないのです。従って［……］そのような声明を出すことは不適切と考えます。[28]

ケネディ政権にとって国際関係から、国内の批判を抑えてでも改善を目指したい日米関係であった。そのためには国内の不満を抑えてまで、日本の肩をもったのである。それ故、米政権にとって唯一理解できず、また許すことができなかったのが、日本と北京政府との接近であった。

周恩来が「東洋で一番嫌われている男」と表現した岸信介が退陣し、池田勇人が首相となると、北京政府は日中貿易のさらなる進展に向けて動き出す。一九五〇年代は鳩山、石橋と続く対中関係改善に好意的な政権の下、日中貿易を徐々に積み重ねることで進展していた日中関係は、岸政権によって途絶えていた。岸が退陣し池田内閣が誕生すると、北京政府は好機と見てふたたび攻勢を強める。しかし、それは東京と北京の接近を好ましく思わないアメリカ政府にとっては望ましいことではなかった。

一九六一年六月二〇日のホワイトハウスにおける日米首脳会談でまず議題となったのは共産中国の問題であった。ケネディ大統領から意見を求められ、池田首相は、まず冒頭で、日本国民の中国大陸に関する感情について、合衆国と異なり、日本と中国大陸は地理的に近く、長い歴史的つながりもあり、先の戦争の罪悪感もあって、日本人は大陸中国に親近感を抱いていると述べている。そして、六億人もの人口を抱える国を国際連合から排除し続けるのは非現実的と多くの日本人が考えていると続けた。

また翌年、周恩来と与党国会議員の松村謙三が、「政治的経済的関係を含む関係正常化」に向けて努力することで合意したとき、大平正芳外相は、議員や実業家の訪中は私的なものであると記者に向けて強調したが、これはアメリカ政府に向けたものであった。しかし、大平のこのような言い訳めいた発言は、日中の貿易関係の促進を不快に思うアメリカ政府には通用しなかった。

松村謙三が中国から帰国した翌日、一九六二年九月二六日にワシントンのナショナル・プレス・クラブで日米協会のメンバーを前にして行われた演説で、アヴェレル・ハリマン国務次官補は、出席していた日本政府関係者、なかでも駐米日本大使に向けて次のように釘を刺した。

日本は世界の貿易大国の一つであり、その能力は全ての国にとって重要であるでしょう。日本の発展の興味深い点の一つは、それが、中国大陸とのいかなる貿易もなしに、とくにそれなしになされたことです。日本の未来は中国大陸との貿易にかかっているという人も居ます。時に、我々が論じてきた日本における卓越した成果は、とくに中国大陸との貿易なしに達成されたものです。そのような貿易は極めてわずかです。中国大陸へ行った使節がいくつかあることは承知しています。共産主義国との貿易はどのようなものであっても将来的に政治目的のために利用される可能性があることを理解する必要があるのです。[29]

このような米国政府の不快感の表明にも拘わらず、一一月には、中国の廖承志と元通産相の高碕達之助との間で貿易協定が結ばれた。二人のイニシャルをとってLT貿易と呼ばれることになるこの貿易協定は、米政府を苛立たせる。しかし、冷戦体制において日本を重視するケネディ政権は、この貿易が、日本による大掛かりな対中援助にならない限りは、見て見ぬふりをするのであった。[30]

「日本の将来についての国務省政策」

ケネディ大統領が直々に白羽の矢を立てて任命した学者出身のライシャワー大使は、任地の日本で基本的に自由に振舞うことができた。しかし、赴任から一九六三年までの間に、一度だけ国務省本省から叱責を受けたことがあった。それはほかならぬ日中関係をめぐってであった。ライシャワー大使が、日本人のあるグループに、共産中国との外交関係の決定はあなた方次第であると発言したことが国務省に伝わったとき、すぐさまラスク国務長官名で「そうではない」と言ってきたのである。自由に行動することを許されていたライシャワーがこの間に受けた唯一の叱責がこれであったことからも、いかにアメリカ政府が日本の大陸への接近に神経を尖らせていたかがわかると言えよう。

このような懸念の背後にあった当時の米民主党政権の日中関係理解を示す資料がある。ケネディ政権とジョンソン政権において、東アジア問題専門家として助言を行ったジェイムズ・トムソンは、一九六四年一月三一日の「中国問題メモ」の冒頭に次のように記している。

アメリカと日本が基本的に意見を共有することのなかった唯一の問題である。ほとんど全ての日本人が大陸中国に対して血縁関係のような気持ちや親近感を抱いている。それは、何世紀にもわたる、書物、芸術、建築、通商といった文化的かつ経済的結びつきから生じている。善かれ悪しかれ大陸中国は永遠に数百マイルの場所にあり続け、日本はできるだけ良い状態でそれと共存しなければならないということを平均的日本人は知っている。[31]

トムソンは続けて、「そのように感じているが故に、日本人は、中国に対して確固とした敵対的態度をとるいかなる集団にも与したくないのである」と書いている。また、そのような深刻な意見の不一致が日米間において深刻な問題となっていないのは、第一に日本の経済や安全保障における対米依存、第二に共産中国の否定的政治経済政策、第三に日本が台湾との関係における経済と安全保障に関しての有利な点を犠牲にしたくないからであって、それらの外的状況が変化すれば、日本が共産中国に引き寄せられる可能性が高いことが示唆されていた。

ここに九一ページに及ぶ、この種のものとしては大部の文書がある。国務省極東局が基本的国家安全保障タスクの一つとして準備し、駐日米国大使館によって承認され、ディーン・ラスク国務長官の署名入りの「日本の将来についての国務省政策」と題された一九六四年六月二四日付の秘密文書である。そこには、来る一〇年間においてアメリカが日本においてなすべき課題がまとめられていた。

注目すべきはその課題の一つとして、「共産中国と日本との関係拡大について慎重に抑制的影響力を行使」することが挙げられていたことである。同文書は、大陸中国政策が、日米の見解が大きく異なる唯一の主要事項と認めている。その上で、大陸政策が日米関係を深刻に分断する要素となるようなことがあれば「悲劇的」となるとまで述べている。そのため、日本の中国との経済的、文化的、その他のつながりを西欧とのそれを越えない受け入れ可能な範囲に留めるよう努力することが望ましく、「この危険を回避することが［日米］両国政府にとって極めて重要な事項であり続けなければならない」と言い切っている。ここにも日本と共産中国との接近をアメリカ政府が如何に警戒していたかをみてとることができよう。

公民権運動とタブー化する人種論

第二次世界大戦終結から四半世紀ほどのこの時期、黄禍論的懸念の表明は戦前、戦中に比べると劇的に減少したといえる。第二次世界大戦は、主に二つの点でアメリカ国内の人種偏見の是正を進めるうえで大きな役割を果たしていた。

一つは、ナチスドイツの歴史上まれに見る残虐なユダヤ人の大量虐殺が明るみに出たことによって、人種や文化の異なる人々に対する差別が招く悲劇について広く知れわたり、そのような差別が世界的にタブー視されるようになったことである。

もう一つは、アメリカの黒人に対する待遇であった。アメリカ黒人は、自由を抑圧する枢軸国に対して自由と民主主義を守るために戦った。しかし、アメリカ軍兵士として命をかけて祖国のために戦った黒人兵士を戦後、祖国で待っていたのは相も変わらぬ人種差別であった。帰郷するために乗った列車では差別的な黒人専用車両に乗せられ、南部では憲法で保障された投票すらまともに許されないアメリカの現状があった。彼らは、ヨーロッパの戦線では救いに来てくれた連合国兵士として、アメリカ国内では受けたことのない、同盟国の兵士としての対等な扱いを受けていた。こうして、自国内における変わらぬ差別に直面したアメリカの黒人たちは、一体自分たちは何のために命を懸けて戦ったのかと問い、その不満は募っていったのである。

冷戦下において、アメリカ政府は共産主義を抑圧の体制と批判していたものの、米国内での人種的抑圧は容認されていた。そのような状況下において盛り上がった公民権運動によって、ついには一九六四年に公民権法が成立し、アメリカ国内の人種状況も変化していった。そうして変化していく米国内の雰囲気の中、米国内の公の場で人種偏見を表明しづらくなっていった。

その間、アメリカはアジアと無関係でいたわけではない。むしろ、朝鮮戦争やベトナム戦争といった戦争を遂行することで積極的に関わっていた。また、中国が共産化し、アメリカと敵対する共産主義陣営に加わったこともあり、アジアで敵対的な大国と対峙することにもなった。これらの要因を考慮すると、黄禍論的懸念の表明の減少は驚くべきことにも見える。人種偏見が暴走するとどのようなことになるかということを悲惨な形で示した第二次世界大戦の反省から、世界的に人種差別をタブー視する風潮が広がったことや、アメリカ国内で公民権運動が高まりを見せたことなどがある。

人種論という亡霊

だが、黄禍論的思考法が消え去ったわけではない。先に引いた国務省内の秘密文書を見ても、人種的文化的親和性から日中関係の接近に関する懸念は引き続きもたれていたことがわかるし、日本のアジア非同盟諸国との接近に関する懸念もたれていたことがわかる。また、バンドン会議については、関係者のみの秘密会議の場においてではあるが、人種主義の観点からの懸念を国務長官自身が口にしていた。

また、そのような思考法が時折、露骨に表れることもあった。少しさかのぼるが、一九五五年一一月、アジア問題に詳しいニューヨークのジャーナリスト、ハリソン・フォーマンは、モスクワとは取引することはできるが、中国とは話すこともできないと述べ、「中国の黄色い共産主義は、モスクワの赤い共産主義よりもはるかに危険である」との見解を表明していた。これはのちに朝海浩一郎駐米大使が、アメリカ人は共産主義のロシアをそれほど嫌っておらず、一方で、共産中国を嫌っており、日本人は、中ソに対して逆の感情を抱いていると述べた事実と符合している。

人種の故をもって中国をより嫌う感覚は、たいていは隠されていたが時に顔を出すことがあった。一九六七年一〇月一二日には、ラスク国務長官は、国務省における記者会見において、『ニューヨーク・タイムズ』紙のジョン・フィニー記者に、なぜアメリカの安全がベトナムにおいて問題となるのかと問われて、「あと一〇年もしくは二〇年の間に、大陸において、核武装し、アジアの他の地域に対する態度がはっきりしない一〇億の中国人が存在するようになるだろう」と懸念を表明してしまう。この発言の不穏当さに気がついた国務省は、発言に人種的意図はまったくなかったと釈明する異例の声明を報道官に発表させた。

国務省が懸念したとおり、この発言の人種論的含意に対してはすぐに批判が出ることになる。たとえば、ミネソタ州選出のユージン・マッカーシー上院議員は、ラスク長官は「黄禍論」という「亡霊」を呼び出そうとしていると厳しく批判している。ラスク長官は、外国人記者とのインタビューにおいても重ねて同様の釈明をしている。その約二週間後には、名誉勲章の親授式においてジョンソン大統領自らこのラスク長官発言に対する非難に触れ、「ちょっとだけこの非難の馬鹿げている点について話させてくれ［……］我々はアジア人と肩を並べて、バターンやコレヒドールで戦った。そして今やベトナムで戦っている。我々は以前の時代の人種差別的ナンセンスを全面的に拒絶している」と発言した。大統領自らがこのように釈明するのは異例のことであった。

こうしたいくつかの事例はありつつも、政府高官による公の場での人種的発言は、戦後においてしばらくは例外的なものであった。ところが日本が経済的に発展し、アメリカの製造業を脅かす経済大国になると、いとも簡単に黄禍論的言説が蘇ることになる。

第6章 よみがえる黄禍論

冷戦戦略を優先して日本との貿易摩擦には目をつぶるアメリカであったが、日本は稀に見る速度で経済大国への道を進んでいく。そして日本のバブル崩壊、冷戦終結、中国の台頭と、現在に至るまで世界と日米のあり方は変転するが、情勢に応じながら黄禍論は形を変えて息づき続けてゆく。

日本の経済的発展

日本は戦後順調に復興への道を歩み、再工業化を果たし、その急速な発展は比較的早い時期から驚異の目をもって世界から眺められていた。

英語圏で権威あるイギリスの週刊誌『エコノミスト』は、一九六二年九月の段階で、二号にわたって「日本を考える」という特集を掲載する。それは「過去一〇年の日本経済の成長はすべての時代を通してもっとも並外れた経済の物語の一つ」という認識のもと、その発展を驚異的という視点から描くものであった。

日本工業の復興に伴い、大量の製品が日本からアメリカへと流入し、アメリカ側の危機感を煽ることになった。一九六〇年代末から一九七〇年代初頭にかけての繊維問題にはじまり、家電、鉄鋼、自動車などの大量流入が大きな問題となっていく。一九六〇年代の半ばには日米の貿易収支がついに逆転する。

アメリカには復興したヨーロッパからも大量の工業製品が流入しており、対日本にかぎらず貿易収支それ自体が悪化していた。また、ベトナム戦争での支出の増大や、遥かに小さい国相手の戦争が泥沼化していくという心理的挫折なども相まって、アメリカ国民のいら立ちは強まっていた。そうした中、脅威の急先鋒としてみられたのが日本であった。

アイゼンハワー政権期やその後の民主党政権の時代には、冷戦における同盟国としての日本の立場が優先され、貿易問題で日本を追い詰めないよう配慮されたが、貿易摩擦が深刻化するとそのような抑えはもはやきかなかった。

『タイム』一九七一年五月一〇日号は、「日本株式会社——もっとも重要な戦いに勝利しつつある」と題する特集記事を掲載した。この号の表紙には、アメリカ人の手がソニーのテレビを持ち、その画面にはソニーの創業者の一人である盛田昭夫の顔が「メイド・イン・ジャパン」の文字と共に描かれていた【図版6】。そしてその横には「日本のビジネスにおける侵略にどのように対処するのか」と書かれている。その記事の中で、ニクソン政権の高官たちの一部で共有されている見解として次のように「戦争」という文字が躍っていた。

図版6　*Time,* 10 May 1971

> 日本人はいまだに戦争を戦っている。違うのは今度はドンパチの戦争ではなく、経済戦争ということだ。彼らの当面の意図は太平洋を支配すること、それからおそらく世界を支配することだ。[32]

この特集は、総じて冷静な分析に終始しているものの、同時に掲載された日本の模様を写した写真の中には、壮年の日本人男性が日本髪を結った女性と入浴している写真もあり、そこには「芸者とくつろぐビジネスマン」というキャプションが添えられており、日本人を異質な他者と見るオリエンタリスト的視点に溢れていた。記事の中には、これからは西洋のほうが真似する番であるといった刺激的な記述も見られる。

数週間後に記事に対する読者の投稿が掲載されるのが当時の『タイム』誌の常であったが、この特集に対しても大きな反響が寄せられた。投稿には、日本製品を買うのは安くて品質がよく、顧客対応もよいからだというものも見られたが、掲載されたものの過半数は、「日本軍が一九四一年から四五年の間に弾丸と爆弾で達成しえなかったもの、すなわち成功裏に米国を侵略することを、日本の実業界は消費財でもって実際に今日なしつつある」といったものや「我々は戦争に勝ったが、今や日本人が我々の犠牲のもと笑っているに違いない」といった、戦争に負けた日本に今やアメリカがしてやられているというものが目立った。中には、「日本のビジネスにおける侵略にどのように対処するのか」に対する答えは明確で、太平洋戦線から帰国して以来実践しているが、それは日本製とあるものを一切買わないことだというものもあった。フィラデルフィア在住のこの読者は、「目覚めよ、アメリカ、アメリカ製を買え」と結んでいる。

日本と西ドイツ、輸入超過への態度の格差

日本からの輸入品の急増で危機に瀕したアメリカ製造業の悲哀を歌った「輸入ブルース」なる曲が

作られたのもこのころである。日本からの安い織維製品の輸入でレイオフに追い込まれた紡績工が嘆く形で歌われる歌詞は、「いまやジェイパンの奴等が作っている。奴等は薄っぺらいスタイルで安っぽいものを作る。そして世界中に輸出する」と嘆く。しかも、彼が続けて嘆くには、自分の妻までが、「昇る太陽の旗の国の吊り目の奴等」が作ったミニスカートを穿いているというおまけまでついていた。

このような日米の貿易摩擦問題を解決しようと、一九七一年八月に日米の財界人を集めてハワイで開催された日米経済協力会議において、アメリカ側の代表の間でその人種差別的歌詞がこっそり回覧され、それを知った日本からの出席者たちが憤慨する一幕もあった。

同じころニクソン大統領自身も、日本からの経済的挑戦を公の場で非難していた。テキサス州ダラスで開催された海外戦争復員兵協会の大会での演説の最後に次のように述べた。

アメリカには世界で戦う競争力がなくてはならないし強い経済がなくてはなりません［……］第二次世界大戦が終わって二五年が経ち、我々は朝鮮戦争を経験し、ベトナム戦争を終わらせつつあります。我々は平和な時代が来ることを心待ちにしています。そして、アメリカにとっての懸案は、パールハーバーの暗黒の時代に立ち向かった挑戦よりもはるかに深刻なのです。[33]

この演説の中に「日本」という言葉は一度も出てこなかったが、「パールハーバー」という言葉から、演説を聞いた誰もが日本からの経済的挑戦が問題であるという大統領のメッセージを受け取った。

だが、貿易の実態に照らしてみると、そこには人種による差別の存在が示唆される。一九七〇年度、日本からの繊維製品の対米輸出は約二八%であった一方、西ドイツからのそれも二割を超えていた。また、日本車は約三〇万台が米国市場に入っていた一方で、ドイツ車はその倍以上であった。しかし、日本に対してとは異なり西ドイツに対しては同様の措置は採られなかったのである。

そのようなアジア人に対する人種差別を含んだ見方を察知した中国は、日米の友好的関係に揺さぶりをかけた。一九七一年九月一八日付の『人民日報』は次のように書いて、日本がアメリカの庇護に安住することに対して警告した。

アメリカ帝国主義は、経済、政治、軍事において、日本への支配を全力で強化しており、日本を自国の戦車にきつく縛りつけている。アメリカ帝国主義は、独立して豊かで強い日本がアジアに現れることをまったく望んでいない。口を開けると、日本のことを「密接なパートナー」というが、実際には、少しでも仲たがいすれば、すぐにそっぽを向いて他人となる。

『ワシントン・ポスト』をはじめとする主要紙に、ある労働組合が、アメリカ人に米国製の製品を買うよう訴えかける巨大な広告を掲載させたのはその翌年のことであった。巨大な星条旗が目を惹くこの広告は、日本からの安価な製品の流入に苦しむ女性用の衣類を製造する労働組合が掲載したもので、その星条旗の下には「メイド・イン・ジャパン」と大書されている。その広告は、「アメリカ人は、毎年毎年どんどん多くなるアメリカ製でない星条旗に敬礼している」として、そのようなことが続けば、アメリカ人は益々職を失っていくことになるので、アメリカ製というラベルのついた製品を買うようにしようと呼びかけていた。日本からの輸入品に対してアメリカ人の恐怖を煽ることを狙った広告であり、そのような風潮は、労働者の不満を人種的少数者への怒りへと向けさせるものだと、日系アメリカ人の団体が懸念するほどであった。

米中和解

一九七一年、米中和解が突然宣言された。元駐米大使の朝海浩一郎の「目を覚ますと、中国と米国との間に橋が架かっていた」といういわゆる「朝海の悪夢」が現実のものとなったのである。

この和解に至るにはさまざまな予兆ともいえる出来事があったが、外務省は対応できておらず不意を突かれた形であった。繊維問題で佐藤栄作首相に面子をつぶされていたニクソン大統領は意図的にこの情報を同盟国日本に伝えず、佐藤首相に伝わったのは発表三分前であったという。慌てふためく日本政府にニクソンはいい気味とほくそ笑んだことであろう。この突然の米中和解には勿論さまざまな理由があるが、その中には、日中貿易が急速に発展しつつあり、対中貿易でアメリカが日本の後塵を拝しているという懸念もあった。キッシンジャーは、日米安保が中国を対象としていると警戒する周恩来に対して、日米安保はむしろ日本の軍国主義化を抑えるためにあるとまで語っている。

米中和解が意図していた対象は主としてソ連の脅威であった。そのソ連をなだめるため、一九七五年七月一一日、ワシントンのインターコンチネンタルホテルの自らの居室にて、キッシンジャーは、米中接近は一時的なものであり、基本的にはソ連との関係の方が近いとしてグロムイコ外相に対して次のように発言した。

中国と日本があまりに緊密な関係となるのは危険であると我々は考える。通常の関係ではなく、二国による枢軸となれば危険だろうということである［……］我々と中国人との関係がこの五年のうちにより難しいものになるだろうし、一〇年ということであれば確実に難しいものになるということを排除しない。我々と中国人との関係があなたたち［ソ連］との関係よりも幾分よいということは歴史的偶然である［……］より強力になるにつれ、我々にとって中国はより難しいものとなりうる。[34]

もちろんこれは、キッシンジャー一流の大国間のバランスのとり方であったが、人種的意味を含んだこの発言も、一分の真実が含まれていると互いが認識できるやり取りであったからこそ有効であったというのもまた真実であろう。

『ジャパン・アズ・ナンバーワン』

一九七〇年代から一九八〇年代には、アメリカをはじめとする世界へ向けた工業製品の輸出を原動力に、日本は経済大国として国際社会で存在感を増していた。そうすると、日本が安全保障面で完全に米国に依存しているにもかかわらず、日本が米国による世界秩序に対する脅威となるのではないかという懸念が米国内で急速に強まった。

米国の経済的停滞もこの傾向に拍車をかけた。一九七九年に出版されたハーバード大学教授エズラ・ヴォーゲルの『ジャパン・アズ・ナンバーワン』は、当時のアメリカ人の自信喪失とも相まって、ベストセラーとなる。今日となっては想像するのが難しいことだが、当時においては、このままの調子で事が進むと日本がアメリカを凌駕する存在となるかもしれないということがアメリカ人の間で真剣に議論されたのである。

もっと毒の効いた自虐的な文書も現れた。タフツ大学フレッチャー法律外交大学院のジョン・ペリー博士の手になる「日本よ、我々を占領することで恩を返して下さい」という『ニューヨーク・タイムズ』に掲載された一文である。占領期に日本が独り立ちできるようになるために、アメリカ人は八〇ヵ月もかけて努力したのであるから、アメリカが「新しいはじまり」を必要としているいま、「日本人に、ここに来て、我々を占領し、一九四五年から一九五二年にかけて我々がしたのと同様のことをしてくれるよう我々はお願いするべきだ」。合衆国憲法は日本の指導を受け入れるように修正され、陸海空の三軍は解体される。日本によってアメリカは民主化されるのであるから、大企業の独占的傾向は厳しく精査されるなど、記述はさまざまな分野に及んだ。そしてこの記事は、次のように締めくくられる。

> 全てが終わった後、アメリカ人に教え、アメリカ人の主人となる経験をした日本人は、アメリカ人が教える側になった時、アメリカ人から何かを学ぶことなど困難であるとわかってしまうかもしれない。[35]

この時期に日本脅威論について書かれた多くの論説の中で興味深いものの中に、元駐日大使のエドウィン・ライシャワーによって書かれ、「日中枢軸――一つの超大国」や「中国と日本、互いを必要としていることを見出しつつある」と題して『シカゴ・トリビューン』紙などに掲載された論考がある。これら論説は、日本と中国を一つの連合体として、一つの超大国とみなすものである。「枢軸」という第二次世界大戦の三国同盟を髣髴とさせる言葉を選んでいることからも悪意を感じさせるこの論説が掲載された一九八〇年は、自動車などの日本製の安くて性能の良い工業製品が大量にアメリカに流入し、アメリカの製造業が危機に瀕していた時期に重なる。「中国・日本の枢軸［……］の危険はないだろうか」とライシャワーは問う。彼は「東アジア版現代工業社会を創り出した日本人の技能に、一〇億人もしくはそれ以上の国民を擁する産業化した中国が加わる可能性」を想起する。

結論の部分では、日本と中国は根本的に異なるから、「日中連合」が仮に存在しても一時的なもので「人種主義者の悪夢」でしかないと、自分でつけた火を消して読者を安心させようとしている。ただ、その結論に至るまでの本論において、多くの紙幅を割いて日中友好の危険性が説かれており、全体を読んで受ける印象は、結論とは裏腹に、かえって黄禍論的な恐怖が強調されるものとなっている。『トリビューン』紙の論説に添えられた日本人労働者のなんということのない写真には、「一人の日本人鉄鋼労働者。世界でもっとも強力な産業枢軸の一部となるかもしれない」とのキャプションが付されていた。この論説は、そのような「悪夢」を鮮やかに描き出すことで、多くのアメリカ人がいまだにそのような恐怖を抱き続けていることを、図らずも露にしたのであった。

激化する貿易摩擦

日米貿易摩擦は激化するにつれ、政治問題化される機会が増していく。一九八〇年の大統領選挙において共和党候補補指名を目指すニクソン政権の財務長官ジョン・コナリーは、全米で遊説し、演説のたびに日本の対米貿易黒字について非難した。一九七九年四月二七日のフロリダ州ジャクソンビルでの講演では日本を名指しして次のように述べている。

お前たちが我々の市場に入ってくる時と同じような開放性と公平さをもって我々がお前たちの市場に入れないなら、横浜港の波止場でちっぽけなダットサンやトヨタに座ってちっぽけな日本製のテレビを見る覚悟をしたほうがいい。なぜなら必要な分はもう買ってしまったからだ。[36]

また、別の演説では次のようにも述べている。

昨年我々が被った貿易赤字二八五億ドルのうち半分近くが日本によるものだ〔……〕なぜか。彼らは我々のオレンジを買わないからだ。なぜならミカンを育てているからだ。我々の牛肉も買わない。なぜなら神戸牛を育てているからだ〔……〕我々のコンピュータや洗練された機器も買わない。なぜなら自分たちで製造したいからだ。[37]

これらの演説は全米各地で広く報道された。自由貿易を損ないかねない浅薄な考えであると批判する論調も見られたが、多くはコナリーの反日論に賛同するものであった。ニューヨークの日刊紙『ニューズデイ』は、旭日旗から輸出品を積んだ船が一方通行で出て行く絵を掲載し、コナリーの主張に賛同すると共に、それでは十分でなく、日本は防衛面や国際秩序維持においてより多くの貢献をすべきであると述べ、日本が国際社会で何の貢献もせずに貿易で一方的に巨額の黒字を得ているだけであるとして強く非難している。

結局、コナリーは共和党大統領候補の指名を獲得することができず、共和党は元カリフォルニア州知事のロナルド・レーガンを指名し、本選でもレーガンが現職のジミー・カーターを破って勝利する。レーガンは対ソ冷戦を重視し、共産圏と戦う上での同盟国としての日本の役割を重んじたため、政権交代によっても貿易摩擦は解決されなかった。

大統領選挙の二年後の一九八二年には、コナリーの反日演説と見まがうような主張が別の大物政治家の口から聞かれることになる。その意外な発言の主は、カーター政権下で副大統領を務め、自由貿易論者として知られたウォルター・モンデールであった。モンデールは、いくつもの労働組合の集会で次のように述べて日本を非難し、副大統領当時と打って変わった強面な態度でまわりを驚かせた。

星条旗を掲げるべきときに、我々は白旗を掲げている［……］自分たちの子供たちに何をさせたいのか。日本製のコンピュータのまわりでの掃き掃除か？［……］我々はタフでなければならない。本当のタフだ。我々の市場を使い自分たちの市場から我々を締め出している国に対して。そして今日私は次のように言う。日本でアメリカ製の自動車を売るつもりなら、港に降り立つときに米軍を連れて行く方がいい。[38]

自由貿易論者で穏健なリベラルとして知られてきたモンデールが、急にこのような対日強硬論者となったのは、大統領選挙を睨んでのことであった。民主党の指名を狙う彼は、アメリカの労働者の間に広まる日本との貿易不均衡に対する不満の高まりを利用することを考えた。

このようなモンデールの主張に対して、高級紙の多くは批判的であった。『ワシントン・ポスト』は、大統領候補指名のために労働者の支持を集めようとするモンデールの行動は驚くべきことでないとしながらも、人々の関心を「経済的不況の真の原因から逸らし、代わりに排外主義を生み出す」のは危険だと警告した。同紙は二日後の投書欄でも、副大統領まで務めたモンデールほど声望のある政治家が、自分の選挙戦を盛り上げようとするあまり、不況に苦しむ労働者に対して、排日感情を煽ることまでしないといけないのか、「恥を知れ、モンデール氏」と嘆く投書を掲載している。『ニューヨーク・タイムズ』紙も、ピュリツアー賞を二度も受賞した大物ジャーナリストであるジェームズ・レストンが、そのコラムの中で、モンデールの選挙目当ての好戦的な姿勢を批判した。政治人生を通して保護主義と闘ってきたモンデールから保護主義的で孤立主義的な発言が聞かれるのは興味深いと皮肉っている。ただ、高級紙がいかに批判しようとも、大衆の支持を求める彼は方針を変えなかった。同じ貿易問題でも西ドイツなどの欧州国を叩くよりも受けがいいからである。

モンデールは、一〇月二四日にはNBCテレビの人気インタビュー番組「ミート・ザ・プレス」に出演し、レーガン政権の通商政策を日本に対して生ぬるいと批判し、より厳しい態度をとるべきと述べている。そして、日本市場の閉鎖性を批判して、米国に輸入される日本車に対して一定比率以上の米国製部品の使用を義務づけるいわゆるローカル・コンテント法案の支持を表明した。モンデールのような自由貿易論で売ってきた有名政治家までが、このような日本たたきに転じることは、如何にそのような考えがアメリカ国民の間に広まっていたのかを示している。

同じ一九八二年、日本車の流入によって失業者で溢れていたデトロイトで、悲劇的な事件が起きる。二七歳の中国系アメリカ人の若者ヴィンセント・チンが、自動車不況に苦しむ四三歳のクライスラーの職場監督と職を失った二二歳の自動車工の義理の息子の二人に目をつけられ、バットで殴り殺されたのだ。その日、結婚を間近にひかえたチンは、残り少ない独身生活を楽しもうとクラブに出かけていた。そこで、二人と出会う。従業員の証言では、チンは二人に「おまえのようなゲス野郎のせいで失業した」と絡まれていたという。日系と間違えられたのである。その後、店を出たところを殴り殺されたのだった。巡回裁判所判事のチャールズ・カウフマンは、執行猶予三年、罰金三〇〇〇ドルという軽い判決を言い渡した。チンは、その「黄色い肌」のために殺されたのである。

対日戦争終結四〇周年を迎えた一九八五年夏、連邦議会上院の多数党院内総務という重責にあったハワード・ベーカー上院議員が、『ニューヨーク・タイムズ』紙に「対日貿易戦争における休戦の時」と題する耳目を驚かす記事を寄稿した。冒頭でベーカーは、二つの事実に注意を払うべきと書いている。その二つとは、「第一に、我々は日本と未だに交戦状態にある。第二に、負けつつあるのは我々だ」という二点であるとされた。日米がいまだに戦っており、しかも今度は負けつつあるのがアメリカの側であるとする刺激的な内容の記事である。この記事が人々の注目を集めたのは、記事の内容もあるが、ベーカー上院議員が上院の多数派を占める共和党のなかでも穏健派として重きを置かれていたことにあった。

バブル経済と「貿易戦争」

一九八〇年代後半、日本経済がバブル経済の様相を呈すると、すぐれた製造業の力に加えて、それによって築いた強大な経済力をもって、日本がアメリカ主導の国際秩序に挑戦してくるのではないかという懸念がしきりに語られるようになる。とくに一九八五年にアメリカが債務国に転落するとそのような懸念は高まった。

一九八七年四月一三日付の『タイム』誌の表紙には、相撲取りとアンクルサムがにらみ合う絵が掲載され、「貿易戦争」の文字が躍っていた【図版7】。大量の工業製品をアメリカに輸出していたのは、日本だけではなく、西ヨーロッパの国々からも、西ドイツの工業製品をはじめとして、大量の製品が流入していた。それは一つには、アメリカの産業構造が転換期を迎えていたからであったが、当時はアメリカが一本調子に弱体化してお

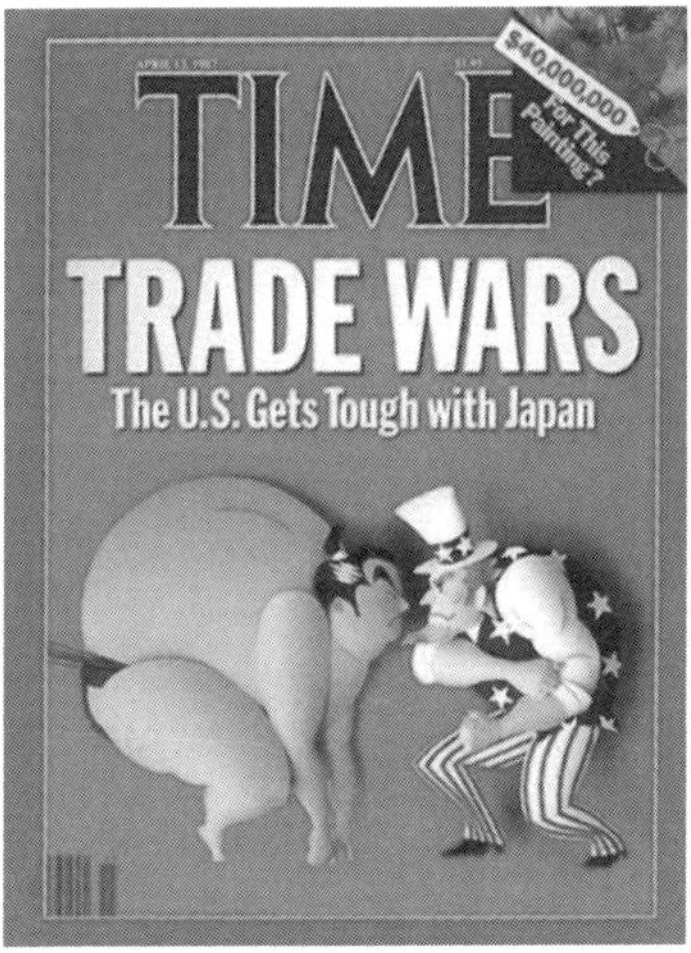

図版7　*Time,* 13 Apr. 1987

り、それにつけ込んでいると考えられ、中でも日本にその非難の矛先が向けられた。大量のドイツ車が輸入されているにも拘わらず、ドイツ人は非難されず、日本人ばかり攻撃されることの裏側にアメリカ人による人種的思考があると多くの人々が薄々感じていた。しかし、貿易交渉に臨むアメリカ人も日本人もそれを認めたくないという状況であった。

それをするどく指摘したのは、アメリカ国内で差別に晒されてきたアフリカ系アメリカ人である。黒人ビジネス界の有力者でアポロ劇場の所有者であるパーシー・サットンは次のように警告している。

日本人は認めたくないかも知れないが、最近の日米経済摩擦は単に経済の話ではない。小さな〝褐色〟の肌の連中に自国企業が次々に乗っとられるのを見て心中穏やかではないのだ。ソ連にスクリュー機械を売った東芝が制裁を受けたのに、ノルウェーの会社が問題にされなかったのはなぜだろうか。いずれ、日本人はことの真実をはっきりと知らされる日が来ることを覚悟しなければならないだろう。[39]

また、日本人の有力者にも流石にそのような懸念を口にする者も現れた。一九八八年の包括通商法案を巡る米議会での議論や米政府関係者の日本に対する態度が余りに攻撃的であることに対し、田村元《はじめ》通産相は交渉責任者としては異例なことに、その背後に「反日感情や人種差別もあるのではないか」と口にしている。また、ことの背景を説明して、アメリカ人コンサルタントで日本の事情にも詳しい上智大学教授ジェームズ・C・アベグレンは、「日本人は自分たちの小さな従属者であり、言えば言う事を聞くと考えているアメリカ人は今も沢山いる」と述べた。[40]

バブル経済による巨額のいわゆるジャパン・マネーで、日本企業がアメリカの主だった不動産や企業を買収するたびに、そのような危機感が露になっていく。一九八九年年頭の時点で、シンジケート・コラムニストのロバート・ウォルターズはこの問題に、全米に配信されたコラムの中で言及している。日本人が法外な値段で不動産を買収しようとしたことでハワイにおいて問題が生じていることから書きはじめて、日本資本がアメリカの不動産買収に近年巨額を投じていることに触れ、それによって無数の問題が生じているが満足のいく解決策はまだ見つかっていないと結んでいる。

『「NO」と言える日本』とロックフェラーセンター買収

同じ一九八九年の初め、神経質になっているアメリカ人の感情をさらに逆撫でするようなある一冊の本が日本で発売され、一気にベストセラーとなった。ソニー創業者の一人である盛田昭夫と作家で政治家の石原慎太郎によって書かれた『「NO」と言える日本』である。

貿易摩擦における日本たたきの根源はアメリカ側の人種差別であり、そのような米国に日本は屈してはならないというこれまでに類を見ない直截的な論調に米国人は目を見張った。英語に翻訳して米国で出版するという話は立ち消えとなったため、米国務省や米国防総省周辺で密かに英訳の海賊版が作成され、関係者の間で回覧された。

対日強硬派の議員は、ついに日本人の攻撃的本音が露になったとしてこれに飛びついた。カリフォルニア州選出のメル・レバイン民主党下院議員は八月一日の記者会見で、日本が米国の産業を狙い撃

ち し続けるという意思が読み取れると述べ、その英訳を配布した。それ以来、この「海賊版」は首都ワシントン周辺で「隠れたベストセラー」となっていく。ある主要紙は、「この国の首都で流通しているもっとも熱い一冊は、どの書店でも手に入らないし、もし議会や中央情報局に友達でもいなければ手に取ることもないだろう」と書いている。また議会関係者は、「上下両院の建物に野火のように広がっている」と表現した。

一一月には、サウスカロライナ州の保養地ヒルトンヘッドで開催された共和党知事会において、演壇に立った財界の大物ドナルド・ケンドールは、民主党の保護貿易演説を思わせる日本たたきの演説を行い、「必要なのは『NO』と言える米国」だと気炎を上げた。この演説は一部の穏健な共和党員を当惑させたものの、会場は喝采に包まれる。自由貿易をモットーとする共和党の主流においても対日観が悪化している証であった。

一九八九年九月には、『「NO」と言える日本』の著者の一人である盛田昭夫を創設者の一人とするソニーが、ハリウッドを代表する映画会社の一つであるコロンビア映画を買収することが発表され、翌一〇月には三菱地所が、アメリカを代表する不動産物件であるマンハッタンのロックフェラーセンターの支配権を握ることが報じられると、危機感は一つの頂点に達する。

一〇月九日付の『ニューズウィーク』誌は、表紙にでかでかと「日本、ハリウッドを侵略する。ソニーのコロンビア映画に対する三四億ドルの取引」と大書し、しかもその背景にはたいまつを掲げる自由の女神らしき像が描かれていたが、それはいつもの緑色の女神像ではなく、日本髪を結い和服を着た日本女性であった【図版8】。特集記事には自社製品を自信ありげに持つ盛田昭夫その人の写真が見開きで掲載されていた。同じ特集記事に掲載された世論調査によると、コロンビア映画のソニーによる買収が、良いことと考えるアメリカ人は一九％に過ぎないのに対し、良くないと答えたのは四三％とされた。また、日本が公正な貿易を行っているかという問いに対しては、公正であると答えたのが二四％に対し、不公正が五二％とされていた。

豪華なクリスマスツリーが毎年飾られ、それが全米に放送されることがアメリカの風物詩でもあるロックフェラーセンターの日本企業による買収が発表されると、その反響は大きく一部は悲壮感すら帯びていた。『ロサンゼルス・タイムズ』は、買収劇が「怒り」を掻き立て、ニューヨークの人々は不幸に感じているという見出しを掲げて報じている。街ゆく人々の意見として、「お金がとてもものを言うんだ［……］アメリカ人所有にしておけたらいいと思うよ。なんでもかんでも日本人に売るというのはあまりいいことだとは思わない」とか、「多くの人と同じように私も困惑しています。国を売り渡しているように見える。ニューヨークもそうだし、ロサンゼルスもそう。日本人はいたるところで資産を買っている」といった発言を掲載した。

その記事の横には、ロックフェラーセンター前から中継しつつこのニュースを報じている日

図版8　*Newsweek*, 9 Oct. 1989

本のテレビクルーの写真が掲げられていた。『ニューヨーク・タイムズ』紙は、地元大学のアメリカ史教授による、「もし日本人が戦争に勝って日章旗を掲げるとしたら、ロックフェラーセンター以上に勝ち誇った場所はあるだろうか」との発言を掲載している。

首都ワシントンでは、民主党のジョー・リーバーマン上院議員が、「今年ロックフェラーセンターのあのクリスマスの木に明かりをともすとき、我々アメリカ人は、偉大な国民的祝祭が実は日本人の所有地で行われているのだという現実を理解しはじめるだろう」と述べた。当時、ニューヨークに滞在していたオランダ人の著述家ハンス・ブリンクマンは、一人のアメリカ人が彼に向かってそっと「これが彼らの広島に対する報復なのか」と呟いたのを記憶している。

戦争のメタファー

対米投資額は、日本が突出していたわけではなく、イギリスやオランダによる投資額のほうが日本の投資額を上まわっていた。だが殊更問題とされたのは日本による投資であった。

東京の外国人記者クラブでの会見では、渡辺泰造外務報道官に対して、「日本のオピニオンリーダーのこれまでの説明は、その国のシンボルになるようなものは［買収］しないということだったが、今回のＲＧＩ［ロックフェラーグループ］はエッフェル塔を買い占めるのと違わない」などと厳しい質問やコメントがぶつけられた。それに対して渡辺報道官は、イギリスやオランダ、その他の欧州諸国が同様の取引に関わったとき、特段注意も払われなかったと苛立ちを隠さなかった。

ヨーロッパ諸国からの大規模投資は問題とならないのに、日本からの投資が殊更取り上げられるという点は、他の非白人国からも注目されていた。インドの主要紙『タイムズ・オブ・インディア』は「日本人がやって来る。外国による買収がアメリカ人をイライラさせている」と題する記事の中で次のように書いている。

アメリカの最近の不安には人種が関わっていると主張する者もいる。一つ興味深い統計として、日本がアメリカにおける最大の投資国ではないということだ。その名誉は四〇〇〇億ドルを超えるイギリスの投資に属し、ちなみに日本の投資は約二五〇〇億ドルである。[41]

連邦議会下院の本会議場では、日本によるアメリカの不動産や企業の買収に関するこれらの報道を受けて早速その日の午後、イリノイ州選出チャールズ・ヘイズ議員が、ロックフェラーセンター買収を発表した日本の企業についての「懸念を表明するため」発言した。労働組合員からのたたき上げのヘイズ議員は、自由主義経済の中に生きていることは理解していると前置きしつつも、外国がどれほどまでに国内の重要な物件を乗っ取り続けてよいものかについて「興味がある」と発言した。そして、ロックフェラーセンターに入居するアメリカ企業が払った家賃を、三菱はふたたびアメリカに投資するのだろうかと疑問を呈する。すなわち、アメリカで稼いだ儲けを、アメリカで再投資するのではなく、そのまま本国へ持ち帰ってしまうのではないかというのである。これは、一世紀近く前に、日系移民について、アメリカでの稼ぎをアメリカで消費せず溜め込んで日本に持ち帰ることしか考えていないから、好ましくない隣人だと批判された時とまったく同じ論法であった。

約二週間後の一一月一五日には、下院エネルギー商業委員会の中の小委員会において「情報産業の世界化」と題して公聴会が開かれた。これはソニーやフィリップスなどの外国企業によるアメリカのメディア買収や、タイム・ワーナーの合併などの、情報産業における大型合併などに代表される、情報産業分野での急速なグローバリゼーションを受けて開催されたものであった。ただ、ソニーによるコロンビア映画買収が参加者の念頭に大きくあったことは間違いない。開会の辞の中でマシュー・リナルド下院議員は、その点についてあからさまであった。まず彼は、第二次世界大戦の開始から五〇年経ったことから説きはじめる。それによって聞く者は、その敵国であった日本を思い起こさずにはいられない。そして、その第二次世界大戦によって「抜きん出た超大国」となったアメリカが、いまやガリバー旅行記に出てくる、小人に縛りつけられた巨人のようであるとする。そして彼は次のように力説する。

ロックフェラーセンターやラジオシティのようなもっとも目立った国家的建造物の幾つかが近年買収されたことは、米国内への外国の投資、とくに日本人の投資によって、この国が縛りつけられるのではないかという新しい懸念を惹き起こしています［……］とくにアメリカ人を不安にしていることの一つが、日本企業がアメリカの情報産業に対して示している関心です。ソニーのコロンビア映画買収は、別の形の戦争、つまり今度は我々の情報産業の支配をめぐる戦争の、最初の一発に過ぎないのではないかという気持ちがますます広がっています［……］この小委員会の究極の目的は、この国がガリバーのようになってしまわないようにすることであるべきです。[42]

このような戦争のメタファーは、日本脅威論が論じられるときに必ず登場した。この年の真珠湾攻撃の記念日に、フロリダの『パームビーチ・ポスト』紙は、次のような読者の投書を掲載した。

この悪意ある攻撃の加害者である日本人はまた挑みかかってきている。軍事力でできなかったことをいまや経済でやっているのだ［……］彼等は、総ての地所や建造物を買いつつある。彼らはすでにロックフェラーセンターやコロンビア映画、CBSレコード、MGM、二〇世紀フォックスを所有している。我々アメリカ人はそれについて対処するのに手遅れになる前に目を覚ました方がよい。自分たちの生活様式を続けられるように、我々の孫やひ孫たちにとって自国が安全なものになるようアメリカ製品を買い始めたほうが良い。ある書き手は、わが国の若者たちは日本語を学ばねばならなくなるだろうと言った。勿論私はそうは思わない。[43]

これは一読者の投書であったが、ボストン郊外のある週刊新聞は、一面に「真珠湾を忘れるな」の見出しの下、編集長の筆になるより悪意に満ちた一文を掲載した。それは「この日に我々は日本の人々に季節の挨拶を送るとともに、日本が破滅的な地震に襲われるよう祈る」という刺激的な文章であった。しかもこの記事はご丁寧に黒枠で囲まれていた。

この記事に関する電話インタビューに対して、編集長のジョセフ・カーネインは、悪びれる風もなく、日本の真珠湾攻撃の日にあまりに注意が払われていないとの考えを述べ、日米戦争終結直前に、日本から米軍捕虜の引渡しを受けたばかりの船上で、祈りを捧げて跪く米兵に対して日本軍が爆弾を投下したときに居合わせたという自らの経験を語った。「日本人の国はキリスト教国ではなく、アメリカはキリスト教国だ」と彼は述べている。

相次ぎ刊行されたジャパン・マネー本

アメリカ人の懸念の表明にも拘わらず、日本資本による米国買いの勢いはやまなかった。一九九〇年には松下電器産業がハリウッドの巨大映画会社MCAを、また、コスモグループが太平洋に面したその絶景で有名なカリフォルニアの名門ゴルフコースであるペブルビーチ・ゴルフリンクスの運営会社を買収して耳目を集めた。米国内では、外国資本による不動産取得に新たな制限を設けるべきとの議論が起きていた。

また、新聞には政治風刺漫画で有名なジョン・ダーコゥの日本人による米国買いを揶揄した一コマ漫画が掲載された。それは有名なフォーク歌手ウディ・ガスリーの有名な曲の歌詞をもじったものであった。元の歌詞は「この土地はあなたの土地、そしてこの土地は私の土地、カリフォルニアからニューヨークの島々まで」というものだが、それを「この土地は私たちの土地、この土地はあなたたちのものだった土地、カリフォルニアからニューヨークの島々まで」ともじり、それを大きな口を開けて歌っているのがそろいもそろって眼鏡をかけてスーツを着た日本人ビジネスマンというものであった。

この時期、日本に対する関心の高まりから多くの日本関連の書籍が欧米で相次いで出版された。一九八九年五月、オランダ人ジャーナリストのカレル・ヴァン・ウォルフレンが『日本／権力構造の謎』をニューヨークとロンドンで出版した。日本は西洋諸国と同じ民主主義ではなく、中心のない、手に負えない輸出マシーンであって、このままではアメリカをも圧倒する危険な存在であると書かれていた。日本専門家たちは、十分な学問的分析に則っておらず、読者を誤解させる点の多い本であると批判したが、近年の日本の急速な発展と存在感に対して答えを求めていたアメリカ人の間で、本書は時流にのって大評判となった。

翌一九九〇年には、以前から日本批判に関わっていたエコノミストのパット・チョートが、ジャパン・マネーがアメリカ政治に深く浸透しており、ロビイストを通じてアメリカ政府の政策決定を歪めていると主張して注目を浴びる。一〇月にニューヨークの大手出版社から出版を予定している著書『影響力の代理人』の刊行に先立って、その抄録が『ハーバード・ビジネス・レビュー』誌の九、一〇月号に掲載された。その抄録と、続いて出版された著書は、ジャパン・マネーの脅威が論じられていた首都ワシントンで大いに注目された。

マスコミの反応の多くは、概して否定的なものであったが、議会スタッフの経験もあるチョートが、日本の影響下にあるロビイストのリストなどまで付与した著書に、日本がそれほどアメリカ国内で影響力を発揮しているのは、やはりアメリカの政治を裏で操るようなからくりがあったからかと得心するような反応も見られた。

一九九一年三月には、ニューヨークで『ザ・カミング・ウォー・ウィズ・ジャパン』という剣呑なタイトルの書籍が出版された。恐らく真珠湾攻撃五〇周年を当て込んだであろう本書であるが、著者が日本についての専門家でもなく、また、名の知れた書き手でもなかったためか、話題にはなったものの、真剣にとりあげられることもなく、約四万部を売り上げるに留まった。ところが、すぐに翻訳書が出版された日本では、大いに評判となり、一気に四〇万部近く売り上げた。日米経済摩擦が懸念されるなかで、こうした言説が新たな火種になるのではないかと恐れられたのである。

異質な国が強大化した

一九九〇年の下旬には、一〇月と一二月に四回にも分けて、「日本の経済的挑戦」と題して、連邦議会で上下両院合同の公聴会が開催された。公聴会冒頭、開会の辞の中でジェフ・ビンガマン上院議員が、この公聴会は日本経済が米国にもたらしている難題に焦点を当てるものであることを説明した。この公聴会のために作成され、この公聴会がよって立つことになった同名のスタディ・ペーパーがある。上下両院合同経済委員会の委員長であるリー・ハミルトン下院議員の手になるそのペーパーに添えられた送り状によれば、そのペーパーが扱うのは、「経済的超大国として日本が立ち現れたこと」についてであった。ハミルトン議員は続けて次のように記している。

日本による経済的挑戦は先例がない。日本は比較的短期間に世界第二位の工業大国に、多くの市場における主要な競争者となった［……］アメリカ人の生活水準と生活様式が大いに影響を受けてきているといってよい。将来の日本の発展が我々の生活により大きな影響すら与えかねないだろう。[44]

このスタディ・ペーパーの編者で、議会調査局のジャパン・タスクフォースの長であるディック・ナントは、巻頭の概要を、日本による今回の挑戦は、過去一世紀の間にアメリカが受けたいかなる脅威とも異なっており、軍事的な脅威でないにも拘わらず「戦争」のレトリックで表現されると書きはじめている。そして、限定されたエリアで活動してきた小国で、アメリカの国益に従って生きてきた国が、いまや経済的超大国となった、その国といかにして向き合うかが問題なのだと訴える。

彼は「この挑戦が脅威なのか機会なのか」と問うている。『ビジネス・ウィーク』誌のランキングによれば世界のトップ一〇〇〇社のうち三三三社が日本の会社で、それに対してアメリカの会社は三二九社であるとか、トップ一五社中一〇社が日本の会社である一方でアメリカの会社は四社である、といった指摘がちりばめられ、全体として脅威のほうが目を惹くペーパーとなっていた。

公聴会での発言では、「難題」や「脅威」といった言葉が目立った。ハミルトン委員長の、一般的アメリカ人に何が心配かときけば、ソ連の挑戦よりも日本の挑戦の方を心配だと答えるだろうとの発言は、急激に増大するアメリカ社会の日本に対する危機感を代弁していた。元米国通商代表代行のアラン・ウォルフは、日本の国民総生産が巨大になっていくのが心配なのではない、なぜなら、同様に経済大国であっても西欧の国々に脅かされているとは我々は感じないと発言した。彼が強調したのは、巨大化したのが日本という異質な国だったということであった。

公聴会に提出された報告書には、日本は狭い利己的な経済的利益以外には、外交思想や国としての目的をもっていないとの観察が報告されていた。これは一九六〇年代の貿易摩擦当時からの「エコノミック・アニマル」のイメージを引き継ぐものであった。日本からの挑戦はこれまで他の国々からなされた挑戦とは異なるものであるとされ、日本の異質さが強調されたのである。

日本を脅威と見る流れは終始変わらなかった。人口はアメリカの半分をはるかに下回るのに、国内総生産はアメリカの半分を占めるという事実に、ニューヨーク州選出のジェームズ・シューアー下院議員は、背筋が寒くなるのに十分と述べている。日本は間違いなく難題であり、それに真剣に取り組まなければ罠に陥ると発言した商務省のフィリス・ガンサーは、ハミルトン委員長から、日本の経済的挑戦を憂慮するかとの問いに、過去にそうであったよりもその問題により集中しなければならないと答えた。我々は「手ぬるい」かとの問いにも肯定的に答えている。

新しい零戦

日米貿易摩擦による緊張は、日米関係の軍事的側面にまで影響した。いわゆる一九八〇年代におけるFSX（次期支援戦闘機）開発をめぐる問題である。
それまで航空自衛隊に配備されていたF－1支援戦闘機が耐用年数を迎えるにあたり、それに替わるべき支援戦闘機について、「国内開発」「現有機の転用」そして「外国機の導入」という三つの選択肢から選ばなければならないという状況が生じていた。このとき「防衛産業で日本のお役に立たなければ、三菱が存在する意味はない」という三菱重工トップの意気込みを見て、アメリカの調査団の団長を務めた国防次官補代理は、「ニュー・ゼロファイター」だ。日本は、新しいゼロファイターを創りだそうとしている」と警戒心を露にした。[45]
アメリカ国防総省は態度をはっきりとは見せず、それを忖度して、アメリカ側の意図をあたかも日本が当初から望んでいたように実行することを最善と考えていた。この場合も、アメリカは当初から日本による国内開発を認めるつもりはなく、米機をベースとした日米共同開発を落としどころと考えていた。しかし、はっきりとそのような考えを見せない国防総省に対して、日本側はアメリカの意図を読み誤ってしまう。

アメリカにとっては、航空機産業は日本に対して競争優位を保っていた数少ない分野である。中でも安全保障の重要な部分を占める軍用機の分野のこと、ここでも日本に優位を占められてしまうことを警戒したのである。

結果として、日本の防衛関係者の悲願であった純国産機開発は頓挫し、アメリカとの共同開発とすることで落ち着くこととなった。しかも、アメリカ側が提供することを望まない技術情報は提供されず、他方で日本が開発した技術で米軍が有益と考えるものはすべて米側に提供されるなど、日本側にとって極めて不平等な形での共同開発となったのである。

冷戦終結と「文明の衝突」論

一九八九年の年末に最高値をつけた日経平均株価はその後下落に転じ、バブル経済が崩壊した。しかし、それにも拘わらず、アメリカの警戒感はすぐにはおさまらなかった。依然として円は強く、一九九五年の一ドル八〇円割れに向けて上昇していた一方で、アメリカは不景気であったため、日本の経済力は対アメリカで強いままであったからである。

さらに、冷戦の終結による世界秩序の変化がアメリカの警戒感に拍車をかける。冷戦中は、とにもかくにも日本は西側の無くてはならない重要な同盟国であった。ところが冷戦の終結によって自由主義陣営と共産主義陣営の対立といった枠組みそのものが消滅したのである。

冷戦が終結し、次の世界が見通せない中、冷戦後の世界は異なるイデオロギー同士の対立から、文明間の争いになると予想する論考が著され話題をさらうことになる。『フォーリン・アフェアーズ』誌の一九九三年夏号に掲載された、ハーバード大学政治学部のサミュエル・ハンティントン教授の「文明の衝突」と題する論考である。掲載と同時に、外交専門誌の一論文という枠を超えて大いに評判となった。

これが持て囃されたのは、衝突を煽るような内容が、冷戦が終わって困惑するアメリカの安全保障サークルの人々にとって都合がよい内容であったということもある。だが、有色人種との文明をかけた戦いが待っていると説くその黄禍論的内容が、多くのアメリカ人の心に響いたということがあったとも思われる。

冷戦が終結した後も、アメリカ側には、日本は同盟国として共にアメリカの側に立ってその敵と戦うべきという認識が強かったが、日本側にそのような意識は希薄であったのも、アメリカ側の警戒感を強める結果となった。そのような認識のずれがアメリカ政府を苛立たせることになり、時には日本異質論を強める役割を果たした。

日本脅威論の減退

引き続き、日本の経済力が退潮を続けるに伴って、さすがにアメリカの日本に対する警戒感もやわらいでいった。ジャパンバッシングならぬ「ジャパンパッシング」という言葉が使われはじめたのが一九九五年ごろである。米高官が東アジアを訪問する折は、必ず日本へ立ち寄っていたのが、東京を素通りして北京へ赴くようになったというのである。アメリカのテレビニュースが日本に触れた量は、一九九六年には一九八九年の三分の一になっていた。しまいにはジャパンパッシングを通り越して、「ジャパンナッシング」とまで言われるようになる。

だが、そうした状況にあってもなお、日本がアジアでリーダーシップをとろうとする動きを見せると、アメリカがすぐに大きく反応することに変わりはなかった。一九九七年七月、タイで発生した通貨危機に端を発していわゆるアジア経済危機が起こった。アメリカを中心とする機関投資家が、アジア諸国の通貨に大規模な空売りを仕掛け、それらの国々は自国通貨をドルに連動させていたため、対ドルレートが急激に低下して経済が大混乱に陥った。タイ、インドネシア、韓国は国際通貨基金の管理下に入らざるを得なくなった。

このような事態の再発を避けようと、これをきっかけに、日本はアジア通貨基金構想を表明し、その実現に向けて動き出した。しかし、日本が金融面だけにせよアジアのリーダーとして立ち現れることをアメリカは快く思わなかったのである。すぐにアメリカはその動きをつぶしにかかった。

時の財務長官ロバート・ルービンは、アメリカのアジアにおける影響力を損ないかねないとして強く反発した。ローレンス・サマーズ財務副長官は、深夜、榊原英資財務官の自宅にまで電話したが、その最初の言葉は、「君は僕の友人だと思っていた」だったという。二時間にわたったその電話会談で、サマーズは、アメリカを入れていない以上、アジア通貨基金はアメリカに対する挑戦だと批判した。三日後には、ルービン長官が三塚博大蔵大臣に自身が直接電話し、アメリカがアジア通貨基金に反対であることの念押しをした。また、その同じ日、他のアジア諸国がアジア通貨基金に協力しないように、ルービン長官とグリーンスパン議長の署名入りのメモがＡＰＥＣ参加国の各財務大臣に送付されている。[46]

九・一一同時多発テロ

日本脅威論が退潮傾向にある中、二〇〇一年九月一一日、ニューヨークのワールドトレードセンターや米国防総省などへのテロ攻撃が行われた。いわゆる同時多発テロである。

イスラム過激派組織によるテロ行為であると明らかになると、すぐにアメリカ国内で中東系住民に対する差別が広まることになる。カリブ海地域出身者や関係のない人々も、外見がアメリカ人にとって中東出身に見えるというだけで差別の対象となった。差別する主体となったのは一般人ばかりではない。捜査機関も犯罪捜査に宗教や人種に基づいて捜査するプロファイリングを広く用いるようになり、イスラム系というだけで拘束されることもあった。

学生の中には、テロリストと同じ国の出身というだけで、「お前たちがやったんだ」と言われた者も多い。バスや地下鉄では、混んで立っている人もいるのに自分の隣の席だけは空いているという経験を多くの人々が味わった。女性はヒジャブをつけているだけで嫌がらせにあい、中にはコートを着ていただけで、「その下に爆弾でも隠しているんじゃないか」とからかわれた経験をした中東系の女性もいたのである。小学生ですら、あなたと友達になってはいけないと親に言われたとクラスメイトが離れていく経験をしている。モスクに対する脅迫やいやがらせが相次ぎ、時には死傷者が出ることもあった。

こうした差別行為にしばしば伴うのが、「自分の国に帰れ」という言葉を浴びせかけることである。移民の国アメリカでは、ほとんどの住民が移民かその子孫であり、ネイティブアメリカン以外はそのようなことを言える筋合いではないにも拘わらず、有色人種に対する差別感情が盛り上がりを見せるとき、必ずこの言葉が発せられる。

中東系住民の外見と東アジア出身者の外見は、アメリカ人には見分けが容易についたため、九・一一テロによって生じた人種差別による日系や中国系への目立った直接的攻撃は見受けられていない。しかし、同時多発テロ後のアメリカ社会の狭量化は決してアジア系市民にとっても他人事ではなかった。日系アメリカ人の団体である日系アメリカ人市民連盟は、アメリカ政府に対して人種や宗教、国籍をもとに、ある集団を身代わりにすることのないよう申し入れを行っている。日系アメリカ人市民連盟のメンバーは、代表であるジョン・タテイシをはじめとして、その多くが第二次世界大戦時の強制隔離を体験していた。彼らにしてみると、同時多発テロ直後の中東系に対する差別は大戦中の日系人差別を思い起こさせ、とても他人事とは思えなかったのである。彼らの懸念がアメリカの歴史に照らして妥当なものであったことは、すでに本書がここまで示してきたとおりである。

SARSと一〇〇年前の記憶

同時多発テロの余波が続く二〇〇二年晩秋から翌年春にかけて、広東省や香港で新型の肺炎が広まった。とくにアジア以外で最初の死者を伴う流行をみたカナダ最大の都市トロントでは、アジア人差別が顕在化してきた。公共交通機関では、中国人学生のまわりだけ空席だったり、そもそもアジア人というだけで乗車を拒否されるという事象が頻発したのである。

筆者にとってショッキングだった事件が、二〇〇三年のエイプリルフールに起こった。ニューヨークのチャイナタウンのとあるレストランの主人が電話に出ると、それは彼自身が死んだことに対するお悔やみの電話だった。彼がSARS（重症急性呼吸器症候群）で死んだというニュースがネット上に飛び交っていたというのである。その中には「チャイナタウンに行くな。あいつらはSARSにかかってる」という悪質なものもあった。付言しておくと、この時点でニューヨークでは二〇件ほどのSARSが疑われるケースが発生していたが、チャイナタウンでは一件も報告されていなかった。

同じ日、マサチューセッツ工科大学のインターネットのサイトの一つに、SARS絡みのニュースが掲載されている。ボストンのチャイナタウンで従業員に感染者が出たというのである。この話は、チャイナタウンは広く汚染されていると誇張されてすぐに広まった。これはエイプリルフールの悪質なデマであったが、多くの人がそれを信じたのである。一〇〇年以上前のサンフランシスコでの腺ペストの流行時にチャイナタウンに向けられた、疫病とアジアを結びつける異質な視線が、何ら変わっていないことが示された。

SARSに対する対策は成功し、二〇〇三年七月に世界保健機関が封じ込め成功を宣言できる状況になったため、アジア人に対する悪質な風評がそれ以上広まることはなかった。しかし、一〇〇年以上の年月を経ても、疫病とアジア人を結びつける黄禍論的思考法は、脈々と生き続けていたことは確かである。

鳩山由紀夫「東アジア共同体」論

日米関係に目を戻そう。二〇〇〇年代に入って、両国の関係を良好と考える日米両国民の割合は増加していた。二〇〇五年に行われたアメリカにおける調査では、影響力のある人々の九〇％、一般人の七二％が、日本は頼りになる友人であり同盟国であると回答している。また、一九九四年の時点では、日本がアメリカにとって経済的脅威と考えると回答していたアメリカ人は六二％に上っていたのが、一九九八年には四五％に、そしてさらには二〇〇二年には二九％へと急速に減少していった。

だが、それは日本が東アジアで自由に振舞うことを許されたことを意味したわけではなかったし、アメリカの黄禍論的思考が消え去ったことを意味したわけでもなかった。日本がアメリカ政府の考える一線を越えた時、日本は強いしっぺ返しにあうことは避けられない。それが象徴的に表れたのが、二〇〇九年八月末、自民党から民主党への政権交代が確実視されていたなかで発表された鳩山由紀夫の「東アジア共同体」論説の英訳が『ニューヨーク・タイムズ』電子版に掲載されたときのことであった。それは日本国内の雑誌『Ｖｏｉｃｅ』に掲載された鳩山による特別寄稿を、大幅に割愛した抄訳に、原記事の「私の政治哲学」とは異なるタイトル「日本の新しい道」を付して掲載されたものである。

たしかにその論説中には、国家目標の一つが「東アジア共同体」の創造であると謳い、日本人は「アジアに位置する国家としてのアイデンティティを忘れてはならないだろう」とする記述があった。

さらに、リーマンショックを受けて、「今回のアメリカの金融危機は、多くの人に、アメリカ一極時代の終焉を予感させ、またドル基軸通貨体制の永続性への懸念を抱かせずにはおかなかった。私も、イラク戦争の失敗と金融危機によってアメリカ主導のグローバリズムの時代は終焉し、世界はアメリカ一極支配の時代から多極化の時代に向かうだろうと感じている」というアメリカを苛立たせる記述も含まれていた。

しかし、よく読んでみると、アメリカは「今後も日本外交の基軸でありつづけるし、それは紛れもなく重要な日本外交の柱である」とも同時に断言している。また、「いまのところアメリカに代わる覇権国家は見当たらないし、ドルに代わる基軸通貨も見当たらない」とも、「アメリカは影響力を低下させていくが、今後二、三十年は、その軍事的経済的な実力は世界の第一人者のままだろう」とも述べられており、アメリカ側に対して配慮した前提をつけた上での記述となっていた。

日本政府の見誤り

しかし、これに対するアメリカ側の反応は極めて大きいものであった。

記事掲載後、ホワイトハウスでの会見において、日本の新政権が中国やロシアとの接近を望んでいるという前提に立った、政権交代の結果として日米同盟は変化するのかとの質問がなされた。ロバート・ギブズ報道官は、日本で政権がいかに変わろうとも日米の強固な関係は変わらないだろうと自信を持って答えた。しかし、質問者から、新しい日本の総理大臣が「米国の従属」から離脱したがっているがと問い返されると、「従属」とは何を指していたのかわからないと不安げに返答するしかなかったのである。

ヘリテージ財団のブルース・クリングナー上級研究員は、鳩山の東アジア共同体という考えは米国の利益と相いれないと、より直截的に反発している。

日本政府首脳はアメリカ政府の懸念するツボがわかっていなかった。続けて岡田克也外相が一〇月七日に東京の外国特派員協会での講演の中で、この東アジア共同体構想について、「日本、中国、韓国、東南アジア諸国連合、インド、オーストラリア、ニュージーランドという範囲で考えている」と述べ、加えて、「米国も入れると世界の半分になってしまい、何が何だか分からなくなる。米国は米国でやってもらいたい」とアメリカを排除する発言を行った。また、鳩山首相は、一〇月一〇日の北京での日中韓首脳会談において、「今までややもすると米国に依存しすぎていた日本だった。日米同盟は重要だと考えながら、一方でアジアをもっと重視する政策を作り上げたい」と述べると共に「新しい日本は東アジア共同体を構想していきたい」と意欲を示した。

これらはアメリカ側にとって看過できるものではなかった。まず、岡田発言の直後、在米日本大使館を通じて非公式に不快感の表明がある。一〇月一一日には国務省のキャンベル次官補が来日し、翌日に北京入りするまでの二日弱の間に日本政府の関係者とシニアレベルの会談を相次いで行った。キャンベル次官補はその中で繰り返し、鳩山首相の北京での発言について米国政府の高いレベルにおいて驚愕の念を持って受け取られたと懸念を表明した。キャンベルは、「仮に公の席で米国政府が、日本よりも中国により配慮をしたいと希望すると述べたときの日本の反応を想像してみたまえ」と述べ、そのような発言は日米関係に容易には回復しがたい危機を生じさせるだろうと警告したのである。

日本政府関係者は釈明に追われた。防衛省でキャンベルと会談した長島昭久防衛大臣政務官は、鳩山政権の一員として、日本がアメリカよりも中韓に重きを置くことはなく、日本が米国を犠牲にして東アジア関係を構築することを企図することはないと確約せざるを得なかった。

外務省の齋木昭隆アジア大洋州局長は、首相のコメントは外務省を驚愕させたし、外務省としては日本が過度に米国に依存していると表現するのは不適当だと思うと述べた。また、日米同盟を犠牲にしてアジアを強調する意図は政府にはないとも述べた。また、キャンベル次官補が、新しい東アジアの枠組みから米国を排除するという先の岡田外相の発言に関する米国側の憂慮に触れると、齋木局長は、米国を除外することは考えられないと述べると共に、岡田外相は東アジア共同体について提議する時、五年から一〇年先の事として隣接諸国について考えているだけであると釈明した。また、日本が東アジア共同体構築において主導権を握ることを中国が許すわけがなく、日米が東アジア共同体について言い争っても中国を利するだけであるとも述べている。

外務省からはその後、武正公一副大臣からキャンベル次官補に対して、あくまで日米関係が日本の安全保障の基盤であり、鳩山首相のコメントは中国への「リップサービス」であると伝えられた。しかし武正副大臣は、日本は「主権国家であることに誇りをもっており」、中国との関係を改善しなければならないと認識しているとつけ加えてしまい、アメリカ側は却って不安を増大させた。

鳩山首相のパーソナリティを踏まえて、その発言をキャンベル次官補に対して説明する外交関係者もいた。岡本行夫元総理外交顧問は、鳩山首相のコメントの原因として、鳩山首相の、強い意志をもった個人と話すときに弱いという傾向や最後に聞いたもっとも強い意見を基に発言するという特徴を挙げて説明した。梅本和義北米局長は、鳩山首相には相手が聞きたいと望むことを言う癖があると述べ、北京での発言は準備されていたものではないと認めた。

「もっとも厄介なのは中国ではない」

アメリカ側の懸念の表明は続いた。国務省のカート・トンＡＰＥＣ米代表代理が一〇月一四日の米下院外交委員会の公聴会での証言の中で、これらのことを念頭に置いて次のように発言した。

まず、アジア協力の枠組みが増大してきたと指摘したうえで、そのような多国間の枠組みの存在をアメリカは支持するものの、アメリカは「あらゆる組織に参加したいとは思わないし、その必要もない」と述べている。そして、そう言っておいて、「効率的地域経済枠組には太平洋の両岸が含まれなければならないと信じる」とも表明した。これは名指しこそしないものの、明らかに鳩山構想を念頭に置いた異例の発言であった。これに対し日本側は、一〇月一六日、訪米した齋木局長が、キャンベル国務次官補を訪れ、「構想は長期ビジョンで固まっていない。米国の協力は不可欠」などと重ねて説明した。岡田外相も同日、記者会見で「米国の心配は杞憂に過ぎない」と説明に追われている。

しかし、米国側の懸念はメディアでも大きく取り上げられた。一〇月二二日の『ワシントン・ポスト』紙は一面で、「東京の新しい指導者たちの同盟再定義への動きをワシントンは懸念している」などと題して日米関係をとりあげた。その中で国務省高官の「現在、もっとも厄介なのは中国ではない、それは日本だ」という発言を伝えた。また、『ウォールストリート・ジャーナル』も同日付の電子版で「広がる日米同盟の亀裂」という論文を掲載している。その中で鳩山首相を、「西洋の経済や安全保障の制度に対するライバルとして、東アジア共同体を作るという考えをもてあそびつづけて」おり、「東京の立場は東アジア安全保障の礎石、すなわち日米同盟を蝕む恐れがある」と非難した。国務省では、訪米した福山哲郎外務副大臣に対して、訪米の目的が拉致問題に関することであったにも拘わらず、一〇月二三日にキャンベル国務次官補は、重ねて東アジア共同体構想に対する懸念を伝えている。

日本人の多くには、鳩山氏の構想はそれほど深く練られたものではなく、ある意味、思いつきによる発言であり、他意はないと理解されていた。また、東アジアの住人たちにとって、そもそも歴史問題を抱える、東アジア、とくに日中や日韓が、それほど容易に連携することはありえないと容易に理解できた。バブル崩壊後、国力が低下し、景気の低迷に苦しむ日本人にとって、日本がアメリカの脅威になるとは考えにくいことであった。そのため鳩山論文や岡田発言に対し、なぜアメリカがこれほど大きく反応したかについては、驚きと当惑をもって受け止めるというのが平均的反応といえた。

しかしながら、本書でこれまでたどってきた一〇〇年以上の歴史を振り返ると、このアメリカの反応は特異なものではなく、長きにわたって息づいてきた黄禍論の流れの中にあるといえるのではないだろうか。

中国脅威論

鳩山首相の東アジア共同体構想への反応に見られるように、米国が日本の言動に突発的に必要以上と思える強さで反応することは時折あるものの、日本を主対象とした脅威論は、日本の国力の低下に伴い目に見えて減っていった。一九九〇年には「日本の経済的脅威」と題する公聴会が連邦議会で開かれたが、二一世紀に入ると主たる脅威の対象は、日本から中国へと移っていた。二〇〇五年の上院財政委員会の公聴会で、モンタナ州選出のマックス・ボーカス上院議員は、「中国の競争的な挑戦がアメリカ人を神経質にしている。財界から一般市民に至るまで、アメリカ人はアメリカの経済、雇用、生活様式などに対する中国の影響に神経質になっている」と述べている。そして、翌二〇〇六年に議会調査局が作成したのは、「中国はアメリカ経済にとって脅威か」というレポートであった。そこには、近い将来、中国がアメリカを抜き去り世界最大の経済大国となるとはっきり記されている。またその報告書の中には、中国は「不公正な」経済政策を多くとっており、公正に貿易を行っておらず、そのような中国の世界経済大国への伸張は、日本が一九七〇年代から一九八〇年代に経済的に躍進してアメリカ経済に大きな影響を与えた時と同じような説明が必要であると記されていた。そしてそこには、暗に中国の躍進も過去の日本の躍進も不公正なやり口によるものであるという解釈がなされていることが示されていたのである。

いずれにせよ二〇一〇年には中国がＧＤＰで日本を抜き去り、世界第二位の経済大国となる。安全保障を米国に依存し、必需品を輸入に頼らざるを得ない小さな島国の日本とは異なり、巨大な大陸国家中国による脅威は深刻であることが、徐々に明らかとなっていった。眠れる巨人中国が一旦目覚めると大変なことになるという、一九世紀以前から幾度となく語られ、そのたびに杞憂に終わってきたイメージが、ついに二一世紀になって現実のものとなったのである。ただ、当初は、経済発展が進み国民一人当たりの所得が上昇するにつれて、中国は民主主義に移行するであろうし、また、欧米と似た価値観を持つにいたるであろうという楽観的な見方が支配的であった。しかし、そのような見方は誤りであることが徐々に明らかになっていく。一方、二〇一一年には東日本大震災が発生し、もはや日本は脅威のもとであるというよりも憐みの対象とも言えるような視線で見られることになっていった。中国の大国化にともない、これまでとは逆に中国が日本を従えた形でのアジア主義や黄禍論的脅威が、今や語られるようになってきている。日清戦争以前の中国を中心とした当初の黄禍論に戻ったともいえる。

悲劇と反人種主義

第二次世界大戦の経験と公民権運動を通じて、人種差別を許さないとするアメリカ社会の雰囲気は二一世紀に入るとさらに進み、ポリティカル・コレクトネスの普及と相まって、公的な場で人種差別的発言をすることは許されないことであるということが常識となっていった。バージニア州選出の連邦上院議員ジョージ・アレンは、二〇〇六年の中間選挙で再選を目指していた。人気のあった彼は、二〇〇八年の大統領選挙の共和党有力候補の一人となることを当然視されるほどであった。

二〇〇六年夏、アレン議員は、ブレークスを演説のために訪れていた。ケンタッキーとの州境の白人が大半を占める小さな町である。そのためアレンの集会に集まったのはほとんどが白人であったという。しかし、そこには地元の白人でもなく、彼の支持者でもない者が混じっていた。彼を集会ごとに追い回して民主党対立候補の陣営のために撮影していたインド系の青年である。彼はこの集会にも現れカメラをまわしはじめた。イラついたアレンは、支持者に囲まれていた気安さからか、次のようにからかった。

そこにいる黄色いシャツの、お猿さん、名前は知らないけど、彼は敵陣営についているんです

［……］お猿さんを歓迎しようじゃありませんか。アメリカにようこそ、これがバージニアという本当の世界だ。[47]

お猿さん呼ばわりされた青年は、その時自分が撮影していた映像を音声も含めてネットに載せた。そのため、そこに集まっていたアレン議員の一〇〇人ほどの支持者しか知りえなかったその模様が、全米の知るところとなる。そして、公的立場にあるものがどのような文脈があるにせよ、そのような人種差別的発言をすることは許されないとの批判が巻き起こった。

このことがどれくらい選挙結果に影響したか正確には不明だが、大統領の有力候補の一人とまで言われていた現職のアレン議員は、最終的に民主党の新顔に僅差で敗れている。南北戦争時、南部連合の首都がおかれたバージニアにおいても、人種差別的発言が命取りになることを示した出来事であった。

翌二〇〇七年には、バージニア工科大学で韓国人の学生が、銃を乱射し、教員と学生合わせて三二人を殺害する事件が起こった。その時、全米のアジア人は、アジア人差別が巻き起こるのではないかと身構えた。しかし、そのようなことは起きず、事件は人種的な視点から糾弾されるのではなく、冷静に対処された。人種主義をあからさまにはできない風潮になっていたのだ。

トランプ政権の誕生と人種主義の復権

ところがその流れをひっくり返したのがドナルド・トランプの登場である。トランプは、選挙運動の初期から人種主義的発言を繰り返して物議を醸していた。南の国境を越えての移民の問題に関して、彼は、メキシコ人は「強姦魔」で、犯罪や麻薬を持ち込んでいると言い放った。また、自分を支持してくれている白人至上主義者を非難するのには躊躇いを見せた。そのような発言や態度は、党組織に根差していない候補が注目を浴びるためのもので、泡沫候補だからこそ許されることと思われていた。ただ、彼が過激な発言を繰り返すほど視聴率が稼げるマスコミは、真剣に批判することはなく、彼を映し続けた。その結果、彼の人種差別的姿勢は本選では大きな問題とはされず、大方の予想に反して大統領に当選する。

ひとたび大統領になれば、彼も常識的に振舞うだろうとみる見方がないわけではなかったが、そのような期待はすぐに誤りであることが明らかになる。

二〇一七年夏にバージニア州シャーロッツビルで白人至上主義者と人種差別に反対する人々が衝突した時、白人至上主義者の一人が人種差別反対デモに車で突っ込み一人を殺害した。すぐさま全米に非難の声が上がり、人々はトランプがこれまでの大統領がしてきたように、差別主義者を非難するのを期待した。ところが、驚いたことに、当初、トランプ大統領は、双方が悪いという立場をとり、白人至上主義者を批判することを避けた。大統領が白人至上主義者のことを悪いと思っていないのは明らかだった。

二〇一六年から一部のアメリカン・フットボールのプロ選手が、アメリカの構造的人種主義に抗議して、国歌斉唱時に膝を折る姿勢を取り起立を拒否するということをはじめていたが、その動きは二〇一七年になるとさらに広まっていた。大統領となったトランプは、この動きにも一貫して否定的であった。そのような選手は「首にしろ」とツイートしたのだった。

このように人種差別的姿勢をあからさまにする大統領の登場で、アメリカ社会の雰囲気は大きく変化した。たとえばかつては、小学生が人種差別的な言動をすれば、教員が注意して説諭してきた。その説諭が正しいことは、おそらく最終的には国のリーダーがその肩を持ってくれるという安心感があった。ところが国のトップに立つ大統領が、人種差別を擁護しかねないような発言をするようになったのである。差別的感情を表に出してもかまわないんだという雰囲気が急速に広まった。

二〇一八年一月の両党合同の移民に関する会合では、トランプはハイチとアフリカ諸国からの移民を念頭に置いて、「どうして糞だめみたいな国からの人々を我々はこの国に迎えているんだ」と発言したと伝えられた。そして、「アメリカはノルウェーのような国からもっと移民を迎えるべきだ」と発言したという。これこそまさに、一九二四年の移民法を起草した時のリード議員の発想と同じであった。北欧や西欧の人々がアメリカにとって好ましく、それらの国々に大きな移民割り当て枠を与え、それらの国ほど好ましくない南欧や東欧の国にはより小さい移民枠のみ与え、そしてアジアの国々からの移民枠はゼロにするという人種観である。会議の後、トランプは「糞だめ」なんて言っていないと否定したが、出席した複数の議員はそのような発言はあったとコメントしている。

二〇一九年七月には、トランプは非白人の民主党議員四人に、自分の国に帰れとツイートした。非白人議員たちのことを、「政府が完全に破綻し最悪でもっとも腐敗した［……］国からもともとやって来た」と表現し、そういった国に「帰るべきだ」とツイートした。四人の議員のうち三人はアメリカ生まれであったし、非白人に対して、自分の国に帰れと罵るのはこれまで何度も繰り返されてきた典型的な白人至上主義者のやり方と同じであった。

新型コロナウイルスと黄禍論の復活

二〇二〇年、世界で猛威を振るっている新型コロナウイルスによる感染症と、東アジアの人々を結びつけるさまざまな差別的な事件が報告されたことは「はじめに」で述べたとおりである。

そうした差別はネット上でも散見されていた。たとえば、ネット上を巡回していたアメリカの名誉毀損防止同盟が発見した、「くまのプーさん」を、インフルエンザの略語である「フルー」を用いて風刺化した「くまのフルーさん」が、ウイルスの宿主とされる蝙蝠のスープを食べている風刺画である。習近平国家主席を批判するときにプーさんが用いられることが多いため、これは何重にも中国とコロナウイルスを結びつけるものであった。

リベラルなニューヨーク市長のビル・デブラシオや多くの教育機関の長は、そのような人種差別的言動は許されるものではないと呼びかけたが、一方で、トランプ政権は、このウイルスと中国を意図的に結びつけた。ポンペオ国務長官は、「武漢ウイルス」という呼び方を繰り返し使ったし、大統領本人も、演説原稿に「コロナウイルス」とあるのを自ら手書きで「コロナ」の部分を消して「チャイナ」と書き換えたのをテレビカメラがとらえている。中国との間に貿易戦争という問題を抱えているということはあるものの、そこに黄禍論的人種差別意識が潜んでいることは明らかであった。

これらの事件を受けて、人気テレビシリーズの『スター・トレック』においてヒカル・スールー役で人気を博し、ある世代以上のアメリカ人では知らぬものはいないといってよい人気俳優ジョージ・タケイが、MSNBCのインタビューに答えた。彼は、日系二世として幼い頃強制収容された経験もあり、差別される少数者の立場から発言した。トランプ大統領のウイルスとアジア人を殊更結びつけようとする姿勢に対して、タケイは次のように述べている。


彼［トランプ］がやっていることは、アジア系アメリカ人のコミュニティ全体を震撼させている。なぜなら彼は差別主義者や自分の支持者にあるメッセージを送っているからだ。そしてそういった人々はそのへんに沢山いるんだ。[48]

もちろんタケイの言うところのトランプが発しているメッセージとは、アジア系の人々を差別することは一向に構わないというものである。

四月四日の土曜日、北京で新型コロナウイルスの犠牲者に対する追悼式典が習近平国家主席出席のもと行われた。習主席はじめ多くの参列者が喪服姿で黙禱をささげる姿が映し出された。それを報じたフランスのニュース番組の司会者が、「ポケモンを埋葬している」と口走った。その時点ですでに三〇〇〇人以上が中国で新型ウイルスのために亡くなっており、その追悼集会に対するコメントとしては極めて不謹慎であった。『ポケットモンスター』の中心的キャラクターのピカチュウが全身黄色であることから黄色人種との連想がはたらいたことは明らかである。すぐに批判を浴びて、テレビ局は謝罪したが、人種とウイルスを結びつけた人種差別意識の発露の一つといえる。

翌五日の日曜日、アメリカでは、六日の月曜からコロナウイルスによる多数の死者が出る一週間となると予想されていた。それを前に、アメリカのジェローム・アダムズ医務総監はフォックス・ニュースなどの複数のテレビ番組に登場して国民に向けて警戒を呼び掛けている。その時、いかに厳しい一週間になるかということをわかりやすく説明しようとしてアダムズ医務総監は例えを用いて次のように述べた。

> これは我々にとって真珠湾攻撃のような出来事になるでしょう、九・一一に匹敵する出来事なのです。違うのは、局所的なものとはならないだろうということです。国中で起こるのです。[49]

医務総監はコロナウイルスによる災厄を、真珠湾攻撃と九・一一という「神聖な」アメリカの国土が「異質な」外国人によって侵された二つの歴史的出来事に例えたのであった。本来ウイルスという人間を蝕む存在を、日本人（真珠湾）とイスラム教徒（九・一一）という白人にとっての「人種的他者」に置き換えることで、アメリカが異質な他者からやられたという意識がいかに根強いかということを読み取ることができる。しかも、アダムズ医務総監がアフリカ系アメリカ人であることは事態の根深さをさらに感じさせる。

おわりに

欧米に見られた黄禍論的表現、とくに、日本と中国との連携を仄めかすような言説に対するアメリカの反応を、一〇〇年以上に亘ってまとめて見渡すと、浮かび上がってくる問題がある。それは、アメリカにおいて、東アジアの人々について、些細な出来事を過大評価して過剰に反応したり、重要な出来事を過小評価したりといった、ある種歪んだ見方がされており、それが今日まで続いているということである。脅威にはまったくなりえないような、一九二〇年代の無名の日本人のアジア主義的動きに過剰に反応する一方、一九三〇年代の日本のアジア主義のような実際の脅威にあたるような動きには、かえって過小評価してすぐに行動をとらないなど、ちぐはぐなものであった。なぜそのような歪みが生じるのか。

そもそもこの矛盾を生み出してきたのは、アメリカ人が東洋をわけのわからない他者として一面的な見方で接したことにあったのではないだろうか。東洋のわけのわからなさ、不気味さ、それ故にこそ計り知れないパワーを、彼らは見出している。では、我々日本人自身はどうだったのか。これまで、そのことに日本人自身があまりに無自覚であったのではないだろうか。明治以降の日本人は、どうにかして欧米人と同等になろうと努力を重ね、跳ね返される繰り返しであった。鹿鳴館で西洋風ダンスを踊り、軍備を整えて、第一次世界大戦で戦勝国に加わり、国際連盟で常任理事国となったとき、これで日本も西洋と同等になったと思ったものだ。パリ講和会議で人種差別撤廃案を否決され、人種差別的移民法を制定されるなど具体的な形で跳ね返されたときの失望の大きさに、その期待の大きさが見て取れる。当時のアメリカ社会に深く根ざした人種主義的思考を理解せず、日本人も努力すれば対等なものとして扱ってもらえると信じていた。そもそも日本人は他者としてしか受け入れられないことを自覚して、アメリカに相対するべきだったのではないだろうか。異質なものとしてしか見られていないのに、同等となったと思い込む、その無自覚さがことを悪化させたのではないだろうか。

もちろん、アメリカ人の東アジアに対する姿勢の根底には、人種主義に基づく黄禍論的思考法があった。本書の原稿を早い段階で、ある著名な研究者に見ていただいたことがある。その時のコメントで一番印象に残ったのは、黄禍論的言説や思考が、時代を下るにしたがって減ってきている様がうまく描かれているというものであった。しかし、書いている筆者の頭の中での印象は逆で、世の中の趨勢にも拘わらず、アメリカ人の中には黄禍論的思考が根強くのこっているとしか見えなかった。それは人種差別という煮えたぎったマグマのごときものが、アメリカ社会の根底を常に流れていて、時々、地表の割れ目から見えたり出てきたりするような光景である。第二次世界大戦という強烈なショックのために黄禍論は、何十年も抑え込まれながらも、時折、顔をのぞかせてきた。戦後のアメリカ史を人種主義が減退する歴史と捉える人々は、オバマが大統領となって、アメリカが人種主義を克服したのではないかと考えたが、それは楽観的過ぎたのかもしれない。一部の人種差別主義者にとって、オバマが大統領になったことは許しがたく、そうでなくても、一人アフリカ系を大統領にしたからもう十分だろうという雰囲気が醸し出された。そこにトランプ大統領が登場したのである。アメリカ国内の雰囲気は人種差別的方向に大きく舵を切った。果たして最近の黄禍論再燃の動きは、人種差別なき世界へ向けての長い動きの中の一時的逸脱なのだろうか。

また対日関係に関しても、アメリカ側から、黄禍を現実のものとして引き寄せかねない動きもある。トランプ大統領の日米同盟を金銭的損得勘定で考えようという姿勢である。以前は、日本にとっての日米同盟の危険性は、世界中で戦争をし続けるアメリカの新たな戦争に巻き込まれやしないかというものであった。ところが、トランプが大統領となって示した米国はもはや世界の警察官ではないという姿勢によって、いざというときに米軍は日本を助けてくれないのではないか、という根本的危惧を日本側に生じさせた。自国の安全を日米安保に完全に依存しているわが国にとってそれは死活問題である。その対抗手段として考えられるものは何か。核武装を叫ぶ者もいるかもしれないし、日中同盟という論も出てくるかもしれない。二一世紀に入り、アメリカは、一九世紀に誕生した黄禍論の亡霊という恐怖を自らの手で現実のものとしてしまうかもしれない。

注

1 平川祐弘『西欧の衝撃と日本』（講談社学術文庫、一九八五年）、二七一頁

2 *New York Tribune*, 22 June 1895

3 Alfred Zimmern, *The Third British Empire* (London, 1926), pp. 82-83

4 中西輝政『大英帝国衰亡史』新装版（ＰＨＰ研究所、二〇一五年）、一九一頁

5 飯倉章『黄禍論と日本人──欧米は何を嘲笑し、恐れたのか』（中公新書、二〇一三年）、一七〇－一七五頁

6 Roger Daniels, *The Politics of Prejudice: The Anti-Japanese Movement in California and the Struggle for Japanese Exclusion* (Berkeley, CA, 1962), p. 55

7 *Congressional Record*, Vol. LVII (Washington, DC, 1919), pp. 1083-1088

8 Frazier Hunt, "Smiling John Chinaman," *Weekly Review of the Far East* (2 July 1921), pp. 220-224

9 フィッツジェラルド（野崎孝訳）、『グレート・ギャツビー』（新潮文庫、一九七四年）、二一頁

10 簑原俊洋『排日移民法と日米関係──「埴原書簡」の真相とその「重大なる結果」』（岩波書店、二〇〇二年）

11 廣部泉「『排日移民法』と日米関係の展開──一九二四年～一九四一年」、川田稔・伊藤之雄編『二〇世紀日米関係と東アジア』（風媒社、二〇〇二年）、一一九－一六九頁

12 服部龍二『日中歴史認識──「田中上奏文」をめぐる相剋 1927-2010』（東京大学出版会、二〇一〇年）

13 松浦正孝『「大東亜戦争」はなぜ起きたのか──汎アジア主義の政治経済史』（名古屋大学出版会、二〇一〇年）五四六頁

14 クリストファー・ソーン（市川洋一訳）『太平洋戦争における人種問題』（草思社、一九九一年）、一八頁

15 酒井直樹『希望と憲法──日本国憲法の発話主体と応答』（以文社、二〇〇八年）、付録

16 入江昭『日米戦争』(中央公論社、一九七八年)、七六頁
17 *Bombay Chronicle*, 14 February 1942
18 A. Th. Polyzoides, "Prospects and Realities of War and Peace," *World Affairs Interpreter* (Summer 1942), pp. 181-188
19 前掲『日米戦争』、一五四頁
20 ジョン・W・ダワー(猿谷要監修、斎藤元一訳)『容赦なき戦争——太平洋戦争における人種差別』(平凡社ライブラリー、二〇〇一年)
21 深田祐介『大東亜会議の真実——アジアの解放と独立を目指して』(ＰＨＰ新書、二〇〇四年)、一三〇-一三六頁
22 Barton to Dulles, 19 May 1944, and Dulles to Barton, 8 June 1944, box 24, John Foster Dulles Papers, Seeley G. Mudd Manuscript, Library
23 William E. Leuchtenburg, *The White House Looks South: Franklin D. Roosevelt, Harry S. Truman, Lyndon B. Johnson* (Baton Rouge, LA, 2007), p. 151
24 *Asian Relations: Being Report of the Proceedings and Documentation of the First Asian Relations Conference, New Delhi, March-April, 1947* (New Delhi, 1948)
25 *Baltimore Sun*, 29 March 1947
26 *Foreign Relations of the United States*, 1951, Asia and the Pacific, Volume VI, Part 1, p. 1381
27 参議院日中貿易促進決議(第16回特別国会) https://www.sangiin.go.jp/japanese/san60/s60_shiryou/ketsugi/016-29-2.html
28 Lawrence O'Brien to Leo O'Brien, 4 May 1961, WHCF, CO 141 Japan, box 62, John F. Kennedy Presidential Library and Museum
29 Nathan Newby White, "An Analysis of Japan's China Policy under the Liberal Democratic Party, 1955-1970," PhD

diss., University of California, Berkeley, 1971, p. 112

30 添谷芳秀『日本外交と中国――1945～1972』（慶應義塾大学出版会、一九九五年）、一四九－一六七頁

31 “China Policy Notes,” 31 Jan 1964, box 18, James C. Thomson papers, John F. Kennedy Presidential Library and Museum

32 “Japan, Inc.: Winning the Most Important Battle,” *Time* (10 May 1971), pp. 84-89

33 *Weekly Compilation of Presidential Documents, Week Ending Saturday, August 28, 1971* (Washington D.C., 1971), pp. 1198-1204

34 William Burr ed., *The Kissinger Transcripts: The Top Secret Talks with Beijing and Moscow* (New York, 1998), p. 363

35 *New York Times,* 4 March 1981

36 *Christian Science Monitor,* 2 May 1979; *Newsday,* 17 May 1979

37 *New York Times,* 7 March 1980

38 *Washington Post,* 7 October 1982

39 『読売新聞』一九八八年一月一七日

40 『ニューズウィーク』日本語版１９８８年６月９日、二〇－二一頁；*Newsweek,* 13 June 1988, p. 38; アベグレンの発言は、原文が英語版、日本語訳が日本語版に掲載されている。『ニューズウィーク』日本語版が英語版の英語記事の日本語訳を掲載するとき、たいていはそのままの訳であるが、時に、日本人の感情を害する可能性のある部分は、省かれたり微妙にニュアンスを変えて訳されていることがある。この場合もそうで、アベグレンの元の発言では「小さい」という語は、日本人を身体的に修飾しているが、日本語版では「小国」とあたかも日本という国を修飾しているように訳されている。

41 *Times of India,* 13 November 1989

42 Globalization of the Media, Hearing before the Subcommittee on Telecommunications and Finance of the Committee on Energy and Commerce, House of Representatives, November 15, 1989 (GPO, 1990), p. 5

43 *Palm Beach Post*, 7 December 1989

44 Japan's Economic Challenge, Study papers submitted to the Joint Economic Committee, Congress of the United States, October 1990 (GPO, 1990)

45 手嶋龍一『ニッポンＦＳＸを撃て―たそがれゆく日米同盟』（新潮文庫、一九九四年）、四〇頁、六四頁

46 榊原英資『日本と世界が震えた日―サイバー資本主義の成立』（中央公論新社、二〇〇〇年）、一八五－一八六頁

47 https://abcnews.go.com/Nightline/story?id=2322630&page=1

48 https://www.msnbc.com/david-gura/watch/george-takei-trump-s-usage-of-the-chinese-virus-is-a-signal-to-the-haters-81065029795

49 https://edition.cnn.com/videos/politics/2020/04/05/jerome-adams-surgeon-general-pearl-harbor-coronavirus-nr-vpx.cnn

あとがき

戦前はおろか、戦後になっても日本人が異質な存在であり続けたのは、アメリカの映画やテレビでの日本人表象に示されているとおりである。日本人といえば、映画「ティファニーで朝食を」に登場したユニオシのようにみっともない存在か、無表情に人を殺す忍者やヤクザ、もしくは集団で行動し何を考えているのかわからないビジネスマンであった。

ところが、その一方で、戦後、日本側のアメリカ化は急激に進んだようである。最近、大学生と接していて気がつくのは、近頃の学生たちは、すっかりミドルクラスの「アメリカ白人」の視線で世界を見ているということで、これは「はじめに」で述べたとおりである。アメリカ社会の人種意識を示すために、アメリカの白人プロテスタントの男性が、イスラム系アメリカ人のコミュニティに暮らしてみるという番組を見せたとき、学生たちは、「アメリカ白人」のイスラム系に対する人種偏見を指摘するよりは、「イスラム系にもテロとは無関係の普通の人たちが多いことがわかりました」という、むしろアメリカ白人の目線の意見を持つものが多かった。

それでは、アメリカ社会が日本人をみるまなざしはどれほど変わっただろうか。日米で摩擦が起こったときのアメリカ側の反応を思い起こせば、戦後になってもさほど大きく変化したとは思えない。アメリカ的価値観を身につけた自分たちが、実は、異質なものとして当のアメリカ社会から見られていることに自覚的にならなければならない。そして、無表情に斬りつけるサムライではなく、同様の価値観をもった世界市民であるということを示していかなければならないと感じている。

本書の戦前・戦中の部分は、拙著『人種戦争という寓話――黄禍論とアジア主義』（名古屋大学出版会、二〇一七年）、「日本の大アジア主義に対する西洋の反応――満州事変から天羽声明まで」『明治大学人文科学研究所紀要』第七五冊（二〇一四年）、「日本の汎アジア主義に対する米英の反応――一九〇四～一九三七年」伊藤之雄・川田稔編著『20世紀日本と東アジアの形成――1867～2006年』（ミネルヴァ書房、二〇〇七年）をもとに、新たな資料や知見を加えて大幅に書き改めたものである。戦後の部分は、初出である。

本書の出版に当たっては、まずは川田稔名古屋大学名誉教授に御礼申し上げねばならない。川田先生は、私がまだ若手教員であった頃から今日まで、何かにつけて導いてくださっている。本書が出版に漕ぎ着けることができたのも、川田先生が、講談社の山崎比呂志氏をご紹介下さったことに遡る。山崎氏が拙稿に目を通して下さり、青山遊氏にとりついでくださって出版が実現した。青山氏は、丁寧に拙稿に目を通し、鋭いコメントを下さった。厚く御礼申し上げる。世の中が大変な中、仕事のことばかり考え、無神経に振舞う私を温かく支えてくれた家族にも感謝したい。現在の時点で、いまだに新型コロナウイルスの感染拡大の先は見えない。一日も早い収束を祈るばかりである。

二〇二〇年八月

廣部泉

廣部泉（ひろべ・いずみ）

一九六五年生まれ。東京大学教養学部教養学科卒業。ハーバード大学大学院博士課程修了。Ｐｈ．Ｄ．（歴史学）。現在、明治大学政治経済学部教授。著書に、『グルー――真の日本の友』（ミネルヴァ日本評伝選）、『人種戦争という寓話――黄禍論とアジア主義』（名古屋大学出版会）などがある。

黄《こう》禍《か》論《ろん》
百年《ひゃくねん》の系譜《けいふ》

二〇二〇年　九月一〇日　第一刷発行
二〇二一年　五月一三日　第二刷発行

著者　廣《ひろ》部《べ》泉《いずみ》

発行者　鈴木章一
発行所　株式会社　講談社
東京都文京区音羽二丁目一二—二一　〒一一二—八〇〇一
電話（編集）〇三—三九四五—四九六三
（販売）〇三—五三九五—四四一五
（業務）〇三—五三九五—三六一五

装幀者　奥定泰之
本文データ制作　講談社デジタル製作
本文印刷　信毎書籍印刷株式会社
カバー・表紙印刷　半七写真印刷工業株式会社
製本所　大口製本印刷株式会社

ISBN978-4-06-520921-9　Printed in Japan
N.D.C.253　238p　19cm

講談社選書メチエの再出発に際して

講談社選書メチエの創刊は冷戦終結後まもない一九九四年のことである。長く続いた東西対立の終わりはついに世界に平和をもたらすかに思われたが、その期待はすぐに裏切られた。超大国による新たな戦争、吹き荒れる民族主義の嵐……世界は向かうべき道を見失った。そのような時代の中で、書物のもたらす知識が一人一人の指針となることを願って、本選書は刊行された。

それから二五年、世界はさらに大きく変わった。特に知識をめぐる環境は世界史的な変化をこうむったとすら言える。インターネットによる情報化革命は、知識の徹底的な民主化を推し進めた。誰もがどこでも自由に知識を入手でき、自由に知識を発信できる。それは、冷戦終結後に抱いた期待を裏切られた私たちのもとに差した一条の光明でもあった。

その光明は今も消え去ってはいない。しかし、私たちは同時に、知識の民主化が知識の失墜をも生み出すという逆説を生きている。堅く揺るぎない知識も消費されるだけの不確かな情報に埋もれることを余儀なくされ、不確かな情報が人々の憎悪をかき立てる時代が今、訪れている。

この不確かな時代、不確かさが憎悪を生み出す時代にあって必要なのは、一人一人が堅く揺るぎない知識を得、生きていくための道標を得ることである。

フランス語の「メチエ」という言葉は、人が生きていくために必要とする職、経験によって身につけられる技術を意味する。選書メチエは、読者が磨き上げられた経験のもとに紡ぎ出される思索に触れ、生きるための技術と知識を手に入れる機会を提供することを目指している。万人にそのような機会が提供されたとき初めて、知識は真に民主化され、憎悪を乗り越える平和への道が拓けると私たちは固く信ずる。

この宣言をもって、講談社選書メチエ再出発の辞とするものである。

二〇一九年二月　野間省伸